La chair des autres

Claire Berest

La chair des autres

récit

Albin Michel

« Si un simple fait divers n'est que "déchirure dans le tissu des jours", c'est "d'une entaille comparable à celle que produit une arme tranchante dans la chair" qu'il s'agit quand survient une affaire qui provoque tout à coup une sommation à comprendre. »

Emmanuel Roux et Mathias Roux,
Le Goût du crime, citant eux-mêmes
Jean-Bertrand Pontalis,
Un jour, le crime.

« Notre âme, – et quid de notre chair ?... »

Paul Verlaine, « Laeti et errabundi »,
Parallèlement.

Note au lecteur

Les cinquante et un hommes accusés de l'affaire dite « des viols de Mazan » ont été reconnus coupables, à l'issue du procès qui s'est tenu du 2 septembre au 19 décembre 2024 devant la cour criminelle du Vaucluse, de viol pour cinquante d'entre eux, d'agression sexuelle pour le dernier. Dix-sept ont d'abord interjeté appel. Huit se sont désistés.

Les neuf appelants restent présumés innocents jusqu'à l'intervention d'une décision définitive. Leur procès en appel est prévu aux mois d'octobre et de novembre 2025 devant la cour d'assises du Gard.

Les noms suivis d'un astérisque ont été modifiés, car il s'agit des coaccusés faisant partie de la liste des dix-sept premiers appelants.

1

« Est-ce que quelqu'un a de la monnaie ? »

La buvette est une oasis assez pauvre : deux distributeurs automatiques. Une machine propose du café ; l'autre, les boissons et éternelles madeleines, chips, barres de chocolat, qui peuvent sauver de l'hypoglycémie quand elles ne bouchent pas les artères. Elles sont prises d'assaut au moment des pauses, maigres quarts d'heure où l'on slalome à toute vitesse entre la nicotine et la caféine, selon les goûts de chacun. Peut-être que certains vont simplement prendre l'air, ils traversent la salle des pas perdus, passent les contrôles, descendent les marches et font quelques foulées en face des remparts d'Avignon, sur les créneaux desquels s'affiche une grande banderole blanche déclarant : « Un viol est un viol ».

Un matin, j'attends mon tour, la queue est longue pour le café. Nous enchaînons les noirs serrés tout au long des journées d'audience et, pour les journalistes dont je fais partie à l'occasion de ce procès, pendant les soirées qui s'ensuivent où nous pondons en stakhanovistes les papiers qui viendront nourrir les médias. Tout ce qui gravite d'humain au palais de justice d'Avignon se retrouve à la seule buvette, prend son tour et patiente. Il m'arrive, dans la file d'attente, d'écouter les conversations des avocats. Je n'essaie pas vraiment d'être indiscrète, ils bavardent d'ailleurs sans messes basses, je surprends leur état d'âme. Ce matin-là, l'homme en tête de peloton qui s'affaire à la machine est handicapé, il met du temps à faire sa commande. Une femme demande à la cantonade si quelqu'un a de la monnaie, deux ou trois personnes tâtent leurs poches, mollement, quand l'homme handicapé dit qu'il doit en avoir, lui. Tout le monde se tait et le regarde. Il entreprend de tourner son sac à dos pour ouvrir la fermeture éclair, en équilibriste, mais il en est empêché par son café tenu dans sa seule main valide, il le dépose alors au sol, avec difficulté, puis cherche ses pièces et finalement les lui donne. La dame le remercie et s'éloigne. Mais l'homme a du mal à se baisser à nouveau, il ne parvient plus à rassembler ses affaires. Nous sommes une quinzaine dans la queue, personne ne bouge plus une oreille. Tous, statufiés face à cet homme qui a besoin d'aide. Je revois son visage doux, embarrassé, son corps tordu par son hémiplégie qui fait de sa main gauche une étrange serre d'aigle. Il ne demande rien, il ne cherche pas d'aide, son café refroidit au sol, un ange passe. Je me ressaisis, me baisse, attrape son café, lui tends. En le prenant, il m'adresse un léger sourire triste. Un sourire qui s'excuse en même temps de sourire. Car il a bien compris qu'il n'avait plus à se mêler à nous autres, l'humanité. Qu'il devait garder ses distances. À l'instar de ses comparses, il a assimilé son statut de paria. Il est l'un des cinquante coaccusés de Dominique Pelicot.

2

L'inculture du viol ?

La première fois que j'ai lu un article sur l'affaire des viols de Mazan, j'ai d'abord envisagé une mystification. Mon souvenir est flou, car je lis les journaux en me levant, en me couchant, dans les transports, en marchant dans la rue – je me suis pris des poteaux, quelquefois. Ce que je me remémore avec acuité, c'est cette réaction initiale. Je me suis sentie circonspecte. C'était trop gros. Je n'achète pas, comme disent les Anglo-Saxons : « *I don't buy it.* » Comme quand nos yeux accrochent, à la façade d'un kiosque, les titres putassiers d'une certaine presse ou lorsque nous sommes soumis aux « sucreries cognitives » sur la Toile : « Hitler aurait survécu ! » On est tenté de cliquer, mais le cerveau prend des pincettes.

« Un homme fait venir chez lui des dizaines d'inconnus pour qu'ils violent sa femme sédatée à son insu. »

Mais aucun doute n'était permis, la source était un journal sérieux. Le récit était encore succinct et parcellaire. La foule de questions en suspens accentuait son caractère spectaculaire.

« Un homme fait venir chez lui des dizaines d'inconnus pour qu'ils violent sa femme sédatée à son insu. »

Ce réflexe de défiance m'a marquée, car à la lecture des faits divers je ne doute jamais. Je suis saisie de tristesse, de dégoût, d'horreur, cela peut provoquer un recul, voire un refus. Mais avec les kilomètres de faits divers que j'ai au compteur, le scepticisme ne s'invite plus.

Nous sommes en pleine révolution #MeToo depuis cinq ans à ce moment-là et cette affaire fait l'effet d'une nouvelle bombe ou d'une mauvaise blague. L'article a immédiatement circulé entre mes amies dans ces boucles de messages qui se sont multipliées, où nous prenons parfois des nouvelles, tout en échangeant ici la petite phrase aberrante d'un politique, là les derniers chiffres des féminicides ou l'énième constat d'une inaction généralisée en matière écologique avec des commentaires du type : « C'est ahurissant », ou simplement ponctués de l'émoji du bonhomme qui vomit vert. Nous avons partagé cet article, et continué nos vies.

Je précise mes amies *au féminin*, bien que j'aie d'autres groupes de messageries réunissant des amis des deux sexes, car j'ai le souvenir précis que cette histoire s'est d'abord propagée entre femmes. Comme si nous n'étions pas encore prêtes à en parler à nos camarades masculins. Pas disposées à essuyer *leur* stupéfaction. À l'instinct, nous voulions en savoir plus, savoir mieux. Digérer, peut-être même fourbir nos armes, afin de soutenir leurs questions, et surtout combattre *leur* méfiance. Cette réaction m'interroge. Je suis entourée d'amis hommes, que je considère féministes. Je ne dis pas qu'ils sont *déconstruits*.

Je ne dis pas que la lutte a triomphé. Mes amis conservent des résidus pénibles de travers masculins, moins que leurs pères, et sans doute, je l'espère, plus que leurs fils qui sont en train de grandir. Mais leur socle est féministe, et je constate que les premiers échanges autour de ce fait divers se sont faits sans eux. Car sa substance même, cette quantité d'hommes à l'assaut d'une seule femme, dressait, sans que l'on en ait eu la conscience claire, une barrière entre nous.

Je commence à bien connaître cette affaire. J'ai assisté au procès deux semaines, réparties sur les mois d'octobre et de novembre 2024, pendant lesquelles j'ai pu suivre onze des coaccusés, j'ai lu l'ordonnance de mise en accusation, que l'on appelle « l'OMA », trois cent soixante-dix pages de synthèse des trente et un tomes d'informations judiciaires, j'ai lu les comptes rendus quotidiens des audiences, le document de motivation des juges. Maintenant, j'essaie de retrouver, sous les couches de cette familiarité, mes premières impressions. Pourquoi nous sommes-nous toutes arrêtées sur ce fait divers ? Le nombre ? *Des dizaines d'hommes*. Le mari chef d'orchestre ? Le fait qu'elle ait été droguée ? Peut-être la conjugaison de ces différents éléments ainsi réunis. Je n'appréhende, alors, ces hommes qu'en une masse aux membres indistincts. Cette invraisemblable équation m'évoque des imageries de bacchanales géantes avec des hommes masqués, des flashs de cérémonie glauque, des mises en scène kitsch, telle celle du film *Eyes Wide Shut* de Kubrick. Que l'on peut traduire, quand on y réfléchit, par « les yeux grand fermés », l'exact état qui a été imposé à Gisèle Pelicot. J'imagine des hommes qui se déguisent, rient et violent. Mais, au fond, ce fait divers est impossible à *représenter*.

Je pense aux tableaux de Bosch, notamment *La Tentation de saint Antoine*. Le saint se trouve au centre du triptyque et semble pointer, de deux de ses doigts tendus, une incarnation du Christ dédoublée et cachée au fond d'une tour en ruine. Il est encerclé de créatures mi-humaines, mi-monstrueuses, peuplant un monde chaotique. Hommes au groin de cochon, à la tête de singe, de rat, de tronc d'arbre, de vase, créatures mutilées, à poils, plumes et écailles, anatomies aberrantes, ripaillant et buvant. En haut à gauche, une ville est en flammes ; en face, dans un ciel plus bleu, des navires-oiseaux voguent. Un « palais du péché » s'élève, aux fenêtres et escaliers inquiétants, sombres, tortueux, occupés d'humains déshabillés ; lieu de « goinfrerie et de luxure ». En bas, dans des eaux sales, évoquant les égouts, pataugent des créatures aquatiques aux bouches grimaçantes. Homme-ventre, homme-maison dont l'entrée se fait par la raie des fesses, homme-sauterelle, diablotin et sorcière en amazone sur un poisson volant.

Le mal est partout, la déviance contamine tout l'espace. Je possède un livre sur ce tableau, qui me permet d'en retrouver les détails. Il est enrichi, en miroir, d'une nouvelle de l'écrivain italien Antonio Tabucchi. Le texte commence par ces mots : « Parfois cela peut commencer avec un jeu, un petit jeu secret et presque enfantin que toi seul connais et que tu ne dirais jamais à personne, par pudeur ou par fierté, on ne fait pas des choses comme ça, mais c'est un jeu, disons une plaisanterie avec soi-même ou avec les autres, les passants de hasard, clients de hasard, ce sont eux les partenaires inconscients de ton jeu, même s'ils ne le savent pas. » La nouvelle parle d'un homme qui aime, en se promenant dans sa ville que je devine être Milan, voler des phrases des conversations pour en faire le début d'une histoire, c'est son « petit jeu ». Mais je n'ai pu m'empêcher en découvrant l'incipit d'y lire un écho de l'affaire qui me préoccupe, comme on tend à voir partout des signes quand on dissèque un sujet qui nous habite. Un « jeu » que l'on ne dirait jamais à personne, auquel on mêle les « passants de hasard ». Mais dans l'affaire de Mazan le petit jeu constitue un grand crime, et le réel n'a rien de la somptuosité machiavélique kubrickienne. Et si le mal nous entoure, bêtes grouillantes tapies dans chaque encoignure, il nous reste en réalité souvent invisible, dissimulé dans l'ordinaire.

Jusqu'à ce qu'il explose, à l'image de l'univers de Bosch. Depuis la déflagration de l'affaire Harvey Weinstein, en 2017, nous vivons dans l'ère #MeToo, qui apporte, presque chaque mois, le scalp d'une personnalité. Nous les regardons tomber, comme les feuilles à l'automne, tantôt avec soulagement (« Enfin ! »), parfois avec surprise (« Lui aussi ?! »), quelquefois avec malaise (« Est-ce juste de mettre celui-là dans le même sac que les autres ? »). Le catalogue médiatisé des violences sexuelles entretient, au jour le jour, une nausée sans fin. Prenons l'exemple de trois cas emblématiques, Harvey Weinstein, Jeffrey Epstein, et plus récemment P. Diddy qui n'a pas encore été jugé et bénéficie de la présomption d'innocence. Les moyens mis en place pour assouvir leurs désirs criminels sont colossaux : organisation méthodique, complicités, quête incessante de victimes, durée des exactions, étendue géographique du *terrain de chasse*. C'est le viol à l'échelle industrielle.

Fondamentalement, ce qui surprend dans le cas de Pelicot, si on le compare pour l'exercice aux trois autres affaires citées plus haut, c'est que le gigantisme de ses crimes s'est organisé en l'absence totale de pouvoir financier et médiatique. Pouvoir qui a permis aux magnats du cinéma (Weinstein), de la jet-set (Epstein) et peut-être à celui de la musique (P. Diddy) d'agir en relative impunité, achetant les complaisances et les silences par leur toute-puissance. Ils étaient des Néron, des empereurs capricieux et sadiens. Dans sa *Vie des douze Césars*, Suétone nous dit, dès le début du IIe siècle, à propos de Néron : « Il prostitua sa pudeur à un tel point, qu'après avoir souillé presque toutes les parties de son corps, il imagina enfin cette nouvelle sorte de jeu : vêtu d'une peau de bête féroce, il s'élançait d'une cage, se précipitait sur les parties naturelles d'hommes et de femmes liés à des poteaux. [...] À ce que je tiens de plusieurs personnes, il était absolument persuadé "que nul homme ne respectait la pudeur et ne conservait pure aucune partie de son corps, mais que la plupart dissimulaient ce vice et le cachaient avec adresse". »

Dominique Pelicot, quant à lui, marié depuis cinquante ans avec la même femme, bon père, grand-père attentionné, passionné par le vélo, le foot et son chien, était un « super mec », selon les mots de son épouse, prononcés quand elle fut entendue pour la première fois par la police. Il est accusé d'avoir fait subir à son épouse qu'il droguait à cet effet plus de deux cents viols, perpétrés par lui-même et par plus de soixante-dix inconnus rencontrés sur le site Internet Coco.fr. Parmi les cinquante-trois hommes qui ont été identifiés, cinquante sont renvoyés devant la cour criminelle du Vaucluse. Quarante-neuf comparaissent au procès, un homme se trouve être en fuite. Deux autres sont morts, les poursuites à leur endroit sont éteintes. Les faits s'étalent sur une période allant de 2011 à 2020, quand Gisèle et Dominique Pelicot étaient tous deux sexagénaires.

Dominique Pelicot a dit, lors de ses auditions de garde à vue, qu'il avait commencé à ressentir ce « genre de désirs » – voir son épouse être touchée par quelqu'un d'autre – à partir de ses cinquante-cinq ans environ. Grâce à Internet, il aurait exploré des sites lui permettant de surfer au gré de ses fantasmes, et « fait des mauvaises rencontres ». Ce serait un infirmier, rencontré sur la Toile, qui lui aurait partagé le secret du Témesta et de ses dosages. Il l'aurait testé d'abord *seul* avec sa femme, pour lui imposer des pratiques qu'elle refusait, notamment la sodomie ou la fellation, avant d'inviter des hommes de passage.

Beaucoup des coaccusés de Dominique Pelicot ont tenté d'exprimer, avec plus ou moins de maladresse, que pour eux, « un viol c'est quand il y a de la violence ».

Nous comprenons qu'ils se réfèrent ainsi à leur idée selon laquelle la violence ne pourrait être que physique et démonstrative. Pour le dire simplement, à partir du moment où ils n'ont pas frappé Mme Pelicot, ne lui ont pas fait une clef de bras ni ne lui ont mis un couteau sous la gorge pour l'obliger, ils ne conçoivent ni la violence ni le viol. Par ailleurs, ils ont tous rappelé avoir répondu à l'invitation d'un libertin, celle de Dominique Pelicot, dans un cadre rassurant – un couple, dans sa propre maison. Ce dispositif aurait brouillé dans leur tête des repères déjà très flottants : les critères du viol, de l'altérité et du consentement que ces hommes ne semblent pas avoir intégrés ni même avoir envisagés. Ce qui illustre le terreau insidieux de ce que l'on appelle « la culture du viol », matière qui n'est pas circonscrite, car elle s'infuse par des représentations archaïques et misogynes du rapport homme-femme. L'invitation faite par le mari vaut blanc-seing et occulte le désir de la femme. « À partir du moment où le mari était présent, il n'y avait pas viol », affirmera Adrien L. « À l'époque, je n'avais même pas la notion de consentement », constatera Julien* K. « Comme le mari m'avait donné la permission, pour moi elle était d'accord », dira Andy R.

Les consignes et messages, échangés au préalable des rendez-vous entre Dominique Pelicot et les hommes qu'il invitait, ne permettaient aucun doute pour certains quant au dispositif : le terme « chouté » (*sic*), employé par Pelicot pour dire qu'il la *shootait*, la précision qu'il fallait attendre que le médicament fasse effet. Mais les messages reçus par d'autres étaient plus ambigus, Pelicot pouvait raconter que sa femme serait alcoolisée, elle prendrait elle-même un somnifère parce qu'elle était timide, ferait semblant de dormir… « Demain elle boira pas, c'est ce soir ou jamais », écrit Dominique Pelicot à Abdelali D.

Pelicot savait adapter son discours selon les réticences potentielles qu'il pouvait percevoir chez ses interlocuteurs. Pour les motiver, il envoyait volontiers des photos de sa femme aux hommes avec qui il conversait, des images où elle était abusée par d'autres, mais aussi des photos où celle-ci était consciente, souriante, prises dans la vie de tous les jours. Achevant de brouiller les repères. Quand des échanges de « téléphonie » et par Skype ont été retrouvés mettant en cause certains des accusés, toute trace a disparu pour d'autres. Rendant difficile d'évaluer les informations réelles en la possession de chacun à sa venue à Mazan.

Revenons à l'origine de l'expression de « la culture du viol », elle est d'abord apparue en 1974 dans l'ouvrage fondateur d'un groupe féministe américain : les *New York Radical Feminists*. Elle est reprise et popularisée en 1975, par l'écrivaine féministe Susan Brownmiller, dans son livre *Against Our Will : Men, Women and Rape*, sorti en 1976 en France sous le titre *Le Viol*. On pourrait dire qu'aujourd'hui l'expression désigne le fait que les violences sexuelles sont un fléau systémique et non le problème résultant des déviances de certains individus. Ce qui, pour l'affaire de Mazan, apparaît comme une grille de lecture incontournable, compte tenu de la quantité hors norme des accusés. Mais il serait peut-être intéressant, ici, de parler d'*inculture du viol*. Il ne s'agit pas, stricto sensu, d'hommes qui pensent que *quand une femme dit non, en fait, ça veut dire oui*, (comme le précise dans sa définition de « la culture du viol » le site Internet de l'ONU Femmes), et que cette résistance fait partie d'un jeu de séduction millénaire dans lequel les hommes sont des conquérants, et les femmes des sujets qui aiment à se débattre et prétendent se soumettre en faisant des manières.

Ces hommes ont des lacunes d'éducation et de culture pour cerner le viol. Ils sont incultes à ce sujet. Ce qui ne les déresponsabilise nullement au regard de la loi, mais donne grande matière à réflexion sur nos frères humains. J'ai lu quantité d'articles, de débats ou de tribunes réfléchissant à la « culture du viol », ils sont riches et passionnants. Essentiels. Mais je ne peux m'empêcher, en les analysant, de songer qu'ils sont inaccessibles à la compréhension de beaucoup. Notamment de la plupart des coaccusés de l'affaire de Mazan.

3

« En moyenne, sept sur dix acceptaient »

Que pensait Dominique Pelicot en accompagnant sa femme aux différents rendez-vous médicaux qui tentaient d'éclaircir l'origine de ses troubles ? Avait-il peur de la perdre ou s'inquiétait-il de la révélation de ses crimes ? Se disait-il dans ces moments-là : *Il faut que j'arrête, je vais finir par la tuer* ? Elle avait perdu un jour le contrôle de sa voiture, à cause des drogues ingérées, ce qui l'avait contrainte à cesser la conduite. Dominique Pelicot minimisait-il les séquelles de son épouse, en se persuadant que ce n'était pas si cher payé à l'aune de la satisfaction de ses désirs ? Lui qui a pourtant insisté, au procès, sur l'amour qu'il portait à sa femme, une « sainte ».

Lors de sa première audition de garde à vue, il est convenu que les faits constituaient bien des viols, même si ce mot signifiait, pour lui, « prendre possession de quelqu'un par la force ». Il a exprimé des regrets. Quant au mobile, il a parlé à plusieurs reprises de « curiosité », d'un « plaisir personnel et égoïste ». Et en répondant avec une certaine franchise, il a reconnu sa « perversité ». Tout en précisant qu'il n'avait pas eu de volonté d'humilier son épouse. A-t-il pensé que ses actes étaient *monstrueux* ? Concernant le risque qu'il faisait peser sur la santé de sa femme, il a plaidé qu'il n'avait jamais dépassé, à chaque prise, trois comprimés de Témesta. Dominique Pelicot n'a pas estimé avoir mis la vie de son épouse en danger. Nous savons pourtant que sur un message Skype envoyé à l'un des hommes invités à venir chez lui, il écrivait « écraser dix comprimés de 2,5 mg de Témesta » dans un verre à faire boire à sa femme en une fois.

Il a avancé que les rendez-vous médicaux étaient surtout utiles pour la rassurer sur le fait qu'elle n'avait pas de maladie neurologique. Il s'est dit « triste » d'apprendre qu'elle avait contracté quatre MST, mais rétorquait que lui aussi avait été contaminé, comme le précise la juge d'instruction dans l'ordonnance de mise en accusation. Il ne prévoyait pas de préservatifs, et refusait leur usage quand certains des hommes invités demandaient à en mettre. Très peu sont passés outre. Il a invoqué qu'il avait eu « l'idée d'arrêter », car « ça allait trop loin », et que son épouse « ne méritait pas ça ». Mais il a comparé ces pratiques à une addiction irrépressible. (À la fin du procès, avant les plaidoiries, il évoquera avoir été victime de nébuleux « chantages », mais n'apportera aucun élément pour les étayer.)

« J'ai perdu ma reine », a-t-il écrit depuis sa prison. Celle qu'il gardera « au plus profond » de lui-même.

Pelicot est-il un être rare ? L'égoïsme seul pourrait-il expliquer l'empire de ce genre de désirs ? Même poussé à un niveau pathologique ? (L'expertise psychologique menée par Annabelle Montagne conclut que l'intéressé ne présente pas de pathologie mentale ni de déficience mentale.) Ou existe-t-il, en ce qui le concerne, une ivresse au cocktail du crime et de la jouissance sexuelle ? Au cours de ces mois de procès où son cas est devenu si médiatique, la tentation fut grande de le ranger parmi ces criminels qui ont pris, pour nous, le visage du mal. Je pense, par exemple, à Michel Fourniret, Marc Dutroux, Guy Georges, François Vérove dit « le Grêlé », qui fut confondu trente-cinq ans après ses crimes grâce à sa lettre de suicide, et qui représente un cas de pur « clivage ». Une notion de psychologie que l'on peut aussi appliquer à Pelicot pour désigner la capacité à mener parallèlement deux vies : l'une parfaitement insérée dans la société, et l'autre criminelle.

Mais si le procès de Mazan a pris une ampleur historique, nous n'avons pas découvert avec Pelicot la sophistication du mal. L'ingéniosité de son mode opératoire, le choix de sa victime, la quantité de complices qu'il parvint à s'attacher nous apparaissent diaboliques. Mais penser qu'il est un monstre dans son sens premier d'un être *contre-nature* que l'on *montre* du doigt (avant que le mot soit associé au démon) est peut-être une erreur. La litanie sans fin des « désirs », les siens et ceux des autres, égrenée dans la salle Voltaire du tribunal d'Avignon fut surtout éprouvante par son étendue et sa banale pauvreté.

Au moment où j'écris, je reçois un article, envoyé par une amie, du journal *Ouest-France* daté du 28 décembre 2024 : « Sur Telegram, des milliers d'hommes échangeaient des "conseils" pour droguer et violer des femmes. » On y apprend qu'une radio publique allemande a infiltré un groupe d'hommes sur la messagerie cryptée, qui partageaient les bons tuyaux et expériences pour agresser sexuellement des femmes grâce à la soumission chimique. Ils étaient soixante-dix mille utilisateurs.

Les cinquante hommes coaccusés que Pelicot a fait venir chez lui, en les invitant par le biais du site Coco.fr, ne vivaient que dans un rayon de cinquante kilomètres. Le système de géolocalisation du site permettait d'entrer en contact avec des gens près de chez soi. Un mouchoir de poche. Certains se connaissaient de vue, habitaient le même village, d'autres se croisaient au bistro ou à l'école en allant chercher les enfants, l'un a vendu de la MDMA à un autre. Personne, en revanche, ne se serait ouvert, ni avant ni après, de son expérience dans le pavillon de Mazan. Jusqu'à ce qu'ils se retrouvent tous en détention provisoire dans les mêmes maisons d'arrêt.

Dominique Pelicot a aussi partagé, sur les réseaux sociaux, ses conseils de méthode pour endormir une femme. Il a indiqué avoir fourni du Témesta à trois hommes. Et il a estimé que, en moyenne, sur dix personnes à qui il proposait de venir abuser de sa femme, sept acceptaient.

Me revient, en écrivant, un souvenir d'enfant. J'avais neuf ans et je passais la nuit chez une copine de classe, dont les parents n'étaient pas prompts à nous surveiller. Tard le soir, nous regardions la télé, contentes de notre petite transgression, nous étions supposées être au lit. Nous sommes tombées sur le film de Nagisa Oshima, *L'Empire des sens*. Que nous avons regardé. Entièrement. Valse érotique crue et radicale, clinique et violente qui finit par l'émasculation du protagoniste principal. Qu'en avais-je pensé à neuf ans ? Il me reste le souvenir physique prégnant d'un malaise. J'avais mal au corps. Je me sentais être une bête traquée, saisie d'une nausée incompressible.

J'avais neuf ans et je me suis demandé, effrayée : *Mais quel est donc ce jeu des adultes ?*

4

On pressent que c'est important, mais qu'en faire ?

J'ai l'impression d'avoir vécu avec l'idée du malheur dès l'enfance. Pas le malheur, mais l'idée du malheur. J'ai vite ouvert les livres qui s'épanouissaient, sans ordre, sur toutes les surfaces de la maison de mes parents. Il n'existait pas d'interdit pour la lecture ni de surveillance. J'ai ainsi lu quantité de polars, à un jeune âge. Des femmes s'y faisaient violer, tuer. Des hommes aussi parfois, et des enfants. L'imagination fertile des romanciers *polardeux* offrait un vaste pays de détails macabres, de cruauté et de dérèglements. Je me rassurais, en fermant le livre, en pensant que le mal était généralement puni et que les ténèbres s'étaient éclaircies. Pas toujours. J'ai lu des polars où le mal triomphe, où les hommes « innocents restent au sol comme des vers écrasés », pour emprunter les mots de la philosophe Simone Weil. Cela générait un bruit de fond perturbant, mais peut-être était-ce une bonne école ?

Que les motivations des criminels, des *méchants* dans mes yeux d'enfant, restent parfois floues, voire absconses, représentait un horizon déstabilisant. Des personnages sans âme, tout en force. Certains auteurs dits « behavioristes » laissaient hors champ tout motif psychologique, le rythme de la narration se nourrissant de gestes, de catastrophes et de retournements. J'ai à peu près tout exploré avec les polars : les vertiges amoureux, l'humiliation, la vengeance, l'égoïsme, la perversité, le sadisme pur ; toute une mer d'étranges désirs.

J'avais un choix illimité ; ma mère, fervente du genre, les achetait par bouquets et, comme les fleurs fanent, les renouvelait avec régularité. De temps en temps, elle en jetait un à la poubelle, d'un geste sec, avec ce commentaire prononcé pour elle-même : « Trop affreux. » Elle ne le déposait pas dans une bibliothèque ou aux encombrants (il me semble que les boîtes à livres n'existaient pas à l'époque), non, elle le jetait, comme pour prévenir quiconque de le lire, oubliant peut-être qu'il n'était qu'une reproduction manufacturée d'un texte, qu'on ne pouvait, lui, pas jeter à la poubelle.

Dans la maison de mes parents, à côté des polars, un autre continent livresque était représenté par les ouvrages traitant de la Seconde Guerre mondiale. Également le goût de ma mère, ou ses névroses, selon. Son histoire intime. Tout ce qui était disponible à cette époque, avait été acheté par elle. Se plonger dans la Shoah, à un jeune âge, sans guide, sans repère, sans cartel préalable, ressemble à une hallucination. J'ai fait partie de ces enfants qui pensent au Zyklon B quand ils prennent une douche. Et l'intuition qu'une part de moi provenait de ces cendres – non, plutôt qu'une part de moi vivait malgré ces cendres – était un puits insondable. Il me semble qu'on utilisait plutôt le mot d'« holocauste » alors, le terme « Shoah » s'est imposé plus tard, grâce à l'aura du film de Lanzmann. Ces livres historiques possédaient deux choses que les polars n'offraient pas : des photographies et l'absence de fiction. Ils révélaient, à l'enfant que j'étais, une tout autre dimension du malheur. Visuelle, graphique, réelle et industrielle.

C'est à l'image de ce que j'ai ressenti au procès, en visionnant une partie des vidéos des viols infligés à Gisèle Pelicot : d'être placée en face d'une tout autre dimension informative du crime.

J'ai donc cohabité, presque depuis toujours, avec l'idée du mal. Avec son évidente existence, prête à surgir à chaque coin de rue. Cela n'a pas amoindri en moi la tentation de la joie, au contraire, je l'ai même cultivée avec une tendance à l'exubérance et à l'excès. Pour faire balancier. J'ai un jour arrêté net mes lectures sur la Shoah. J'avais atteint l'épuisement. J'ai renoué quand une amie m'a mis l'ouvrage d'Imre Kertész entre les mains, *Être sans destin*. Il m'a semblé irréparable de ne pas le lire, et ça a rouvert les vannes. Que je contrôle plus ou moins. J'ai lu, l'année dernière, le journal de Rudolf Höss, commandant d'Auschwitz-Birkenau, qu'il écrivit les semaines précédant sa peine de mort par pendaison en 1947. La lecture m'a rendue, physiquement, malade. Et en même temps, m'a rappelé mon enfance.

Quand j'ai cessé de lire sur la Shoah, j'ai gardé les polars. Puis je suis passée avec naturel de la fiction au réel, en m'enfonçant, avec un insatiable appétit, dans la lecture des faits divers. (Enfant, je faisais des fiches thématiques des criminels, que je rangeais dans des boîtes à chaussures, comme une bibliothécaire sinistre.) Je les lis toujours aujourd'hui de façon obsessionnelle. Je les mémorise, les trie, les classe, les compare, je me les incorpore.

Le cœur noir du fait divers, c'est la bascule. Mécanisme qui réussit le paradoxe d'être sidérant et si humain à la fois. Toute bascule est une déflagration, un renversement de l'ordre établi, un bal des fous. Ce qui nous questionne, et peut entraîner le sentiment de fascination, c'est la violente discontinuité qu'elle représente. La discontinuité est comme une coupure franche qui nous plonge dans l'inconnu. Elle déconcerte. C'est un endroit où il n'y a plus de causalité.

Beaucoup de bascules ne prêtent à aucune conséquence criminelle, heureusement. Les humains peuvent se mettre à croire et adhérer à tout type de pensées aberrantes, peuvent disloquer leur routine, briser leur habitus en un instant. Ils sont capables, sans prévenir, de démissionner, de tout quitter, de disparaître. Mais la plupart des gens contiennent et répriment leurs « montées de sang », « coups de tête », lubies soudaines.

D'autres passent à l'acte : ils peuvent entreprendre de séquestrer, violer, torturer, tuer, manger l'autre, sans nécessité biologique. Je ne m'intéresse pas aux arnaques spectaculaires ou aux braquages de banque grandioses, ce qui me fascine est ce *momentum* qui peut advenir chez chacun, pour le transformer, en l'espace de quelques secondes, en criminel. Est-ce une énigme (dont la solution existe même si nous n'y avons pas accès) ou un mystère ? Le mystère, lui, est impénétrable. Il est « ce qui reste caché à la raison humaine, ce qu'elle ne peut comprendre, expliquer », selon le dictionnaire de l'Académie française. Je pense que cette fascination, que l'on peut juger malsaine, pour la bascule des faits divers, résulte d'une tentative d'émettre du sens, face à l'inexplicable, et par là de combler le vide.

Cette intense curiosité a la particularité d'être répandue. On sait le succès colossal des programmes de *True Crime*, on a observé maintes fois le pays entier se mettre à battre d'un même cœur pour un fait divers : le petit Grégory, Dupont de Ligonnès, Jonathann Daval, Nordahl Lelandais, le procès de Mazan… La foule répond à l'appeau qui incite à jeter l'œil dans l'abîme.

Quand j'étais à Avignon, je discutais avec un dessinateur de presse qui avait assisté à la quasi-totalité du procès. Nous commentions l'agenda judiciaire. À l'exception de l'ouverture du procès et de sa fin, les mois se sont organisés selon un schéma rodé : chaque semaine fut dévolue à un groupe de cinq ou six hommes. Les premiers jours de ces semaines étaient consacrés à leurs « identités », prises en charge par des enquêteurs de personnalité (souvent des femmes), puis par des experts psychologues et enfin par des psychiatres. Exercice périlleux d'analyser une vie en quelques heures.

Les journées des jeudis et vendredis étaient réservées à l'examen des faits reprochés. Je m'étonnais, auprès du dessinateur, du relatif calme du début de semaine – par exemple de ma facilité à trouver une place dans la minuscule salle Voltaire où se déroulaient les audiences. Il me dit en substance : « Attends la fin de semaine, tout le monde va rappliquer. » Ce fut le cas. La brutalité de l'examen des faits, dans leur étendue clinique, difficilement supportable, ne manquait jamais de public. Beaucoup d'entre nous sommes aimantés par le malheur des autres. Pour de bonnes ou de mauvaises raisons ? Nous cherchons à purger nos affres, nous nous préparons, nous nous rassurons. Sommes-nous voyeurs, concernés, empathiques, curieux ? Pourquoi avons-nous tous été interpellés par ce fait divers ?

Le « fait divers », à l'origine, n'est qu'une rubrique. Et ne possède pas d'équivalent dans d'autres langues que le français.

C'était la rubrique du journal dans laquelle, une fois qu'on avait traité la politique, l'économie, l'international, etc., on rangeait le reste. Ce que l'on ne parvenait pas à inventorier. Comme la pochette, réelle ou virtuelle, où nous glissons tout ce qui nous encombre, ce qui dépasse, mais qu'on ne souhaite pas *jeter*. Nous classons : « divers ». Dans l'espoir informulé qu'on parviendra à organiser ce fourre-tout plus tard. On pressent que c'est important, mais qu'en faire ?

Dans ses *Essais critiques* publiés en 1964, Roland Barthes part de la même évidence : « Le fait divers (le mot semble du moins l'indiquer) procéderait d'un classement de l'inclassable, il serait le rebut inorganisé des nouvelles informes. » En s'excluant des informations que l'on peut désigner, « il ne commencerait d'exister que là où le monde cesse d'être nommé. [...] En un mot, ce serait une information *monstrueuse.* » Mais Barthes constate le succès énorme des faits divers sur le public – c'était déjà le cas dans les années 1960, et tant qu'à faire, disons ici que cet engouement est dûment documenté depuis le XIXe siècle. Il avance alors l'idée qu'il ne faut pas classer, ou déclasser, ce champ d'information, mais réfléchir à sa structure en comparaison des autres événements qui s'inscrivent dans un contexte, c'est-à-dire qui « renvoient à une situation extensive qui existe en dehors [d'eux] ». Pour prendre un exemple au moment où j'écris : Donald Trump vient de prêter serment pour son second mandat à la Maison-Blanche. En apprenant cette information, nous l'appréhendons à l'aune de tout l'historique des actions du personnage qu'est Trump et de l'histoire des États-Unis. C'est un fragment signifiant qui s'inscrit dans un contexte informationnel qui dure depuis des années.

Au contraire, nous dit Barthes, le fait divers est « une information totale, ou plus exactement *immanente* ; il contient en soi tout son savoir ». Il est un monde clos. Que l'anecdote soit mince, simplement drolatique (il existe des faits divers souriants, je me rappelle l'histoire d'un homme qui avait trouvé sur une plage une bouteille échouée contenant un message vieux de presque cent ans), ou qu'elle soit du plus pur tragique, comme les viols de Mazan, ce sont, d'après Barthes, des « structures fermées ». Tout y est donné en une phrase.

« Un homme fait venir chez lui des dizaines d'inconnus pour qu'ils violent sa femme sédatée à son insu. »

Le monde que représente cette histoire est total, il se contient et se réfléchit en lui-même. Il aurait donc en commun avec l'historiette de la bouteille son immanence et son caractère de bizarrerie. Malheureusement, en contredisant Baudelaire avec regret, le bizarre n'est pas toujours beau. La bizarrerie du fait divers est constituée par l'assemblage choquant ou insolite d'au moins deux éléments, qui fonctionnent entre eux contre toute attente naturelle. *Normalement*, un mari ne viole pas sa femme, ne fait pas violer sa femme par des inconnus, ne la sédate pas. Tout cela est réuni ? Barthes précise : « L'important, ce ne sont pas les termes eux-mêmes, la façon contingente dont ils sont saturés (par un meurtre, un incendie, un vol, etc.), mais la relation qui les unit. C'est cette relation qu'il faut d'abord interroger, si l'on veut saisir la structure du fait divers, c'est-à-dire son sens humain. » On entre dans une structure fermée déroutante, dont le point nodal est la bascule d'un être. Par ailleurs, le propre de l'énoncé d'un fait divers est que sa cause est escamotée. Elle manque. Elle viendra, peut-être, plus tard. Pas toujours. Nous ne savons pas ce qu'est devenu Xavier Dupont de Ligonnès, après avoir commis l'assassinat de son épouse et de ses quatre enfants, dans leur maison de Nantes. Nous ne savons pas qui a perpétré la tuerie de Chevaline, où trois des cinq membres d'une famille en voiture et un cycliste de passage furent tués par arme à feu sur une route forestière de Haute-Savoie.

Et même si l'énigme est résolue, la cause paraîtra presque toujours décevante. Banale. Dérisoire. (Jalousie, dettes, frustration...) Mais aussi, minuscule. Dans son *Introduction à la criminologie*, le professeur Étienne De Greeff écrit en 1946 : « Nous avons au contraire acquis peu à peu la conviction, à mesure que nous les connaissons mieux, que la moitié au moins de ces crimes passionnels ne doivent d'avoir été réalisés qu'à des détails infimes, qu'à "l'épaisseur d'un cheveu". »

Si bien qu'au-delà de l'énigme déchiffrée, un mystère continuera à persister. On s'entêtera à envisager un magma de causes escamotées, nageant, comme dans le triptyque de Bosch, dans des égouts insondables et mortifères. Ou bien nous resterons devant la bascule comme face à un vide de la pensée.

Dominique Pelicot est-il une énigme ou un mystère ? Comment cet homme a-t-il pu basculer à ce point ? L'autre particularité du fait divers des viols de Mazan est qu'il a brisé son monde clos, il est devenu un *fait* qui nous a renvoyés à une situation exhaustive, pour reprendre les termes de Barthes. En regroupant plus de cinquante accusés, il nous a enjoint de « nommer le monde », en faisant un nouvel état des lieux des violences sexuelles. Enfin, son caractère hors norme tient aussi à la réaction d'une femme, celle qui était leur victime, Gisèle Pelicot.

5

Tapisserie

Dans la salle Voltaire du tribunal d'Avignon, derrière l'estrade où sont assis les membres de la cour criminelle, est accrochée au mur une immense tapisserie, qui le recouvre. Je dis « tapisserie », mais c'est peut-être un tableau. Je n'ai pas eu l'occasion ni osé m'approcher de près, pour vérifier la matière de cette œuvre. Des derniers bancs de la salle, j'ai penché pour une tapisserie. J'ai voulu en trouver l'auteur, mais je suis tombée sur deux écueils. D'abord, je n'ai pas voulu déranger le personnel du tribunal à ce sujet – nous les sollicitions déjà inlassablement pour des histoires de places, d'accréditations, de demandes d'informations sur l'agenda –, je ne me suis pas sentie d'en rajouter, pour une question esthétique. Ensuite, essayez de taper dans un moteur de recherche les mots « tapisserie » ou « tableau », liés à « salle Voltaire » et « tribunal d'Avignon », et vous vous apercevrez que l'information, si elle existe, est noyée dans les articles sur l'affaire de Mazan. Une aiguille dans une botte de foin. Je me suis résolue à ignorer l'auteur de ce tableau-tapisserie, et pourtant j'en connais chaque détail : je l'ai scruté pendant des jours.

La personne qui dépose, témoigne à la barre ou s'adresse à la cour se trouve, de ce fait, dos à celles assises dans le public. N'ayant pas accès à son visage, nous nous concentrons sur sa voix, nous scrutons alors les visages des juges, à l'affût d'une réaction. De là, le regard glisse sans cesse vers la tapisserie. J'ai fini par la dessiner dans mes carnets, pour en garder une trace, car il est interdit de prendre une photo dans la salle d'audience.

Un matin, j'ai d'ailleurs assisté à un incident : un accusé s'est alarmé de se faire photographier par une personne assise sur les bancs réservés à la presse. Il pointait son doigt dans ma direction. Je me suis liquéfiée, prête à jurer tous les saints que jamais de la vie je n'aurais fait une chose pareille. Le personnel pénitentiaire a évacué la journaliste assise à côté de moi. Nous avons appris, plus tard, que c'était exact : la dame en question avait volé deux clichés des coaccusés enfermés dans la cage de verre. Outre que cette personne risque une très lourde amende, l'incident rappelle que l'enceinte judiciaire est un lieu à part, régi par un rituel précis, et où chacun, qu'il soit ou non dans le box des accusés, doit être respecté.

La tapisserie déploie un motif abstrait, composé de lignes accidentées qui dessinent des espaces enchevêtrés et un filament d'horizon. Bleu-blanc, rose-violet, blanc-bleu, rouge-rose, gris-noir. Chaque jour, je la découvrais sous un autre angle, j'y voyais un puzzle de kimonos japonais, une vue en hauteur sur le défilé piégeux d'un canyon, des corps d'hommes triangulaires, un ciel expressionniste. Ancrée à mon banc, je me faisais la réflexion qu'il est peu de circonstances qui vous obligent à regarder la même image pendant des heures, des jours, et que cette contorsion permet à l'œuvre de vous mystifier et vous obséder. Elle était mouvante et immobile. Nette et sibylline. Omniprésente et invisible. Exactement comme le visage de Dominique Pelicot, qui se trouvait juste à côté.

6

« À tout à l'heure ? »

J'appelle Gisèle Pelicot par son nom d'épouse, car ce fut son choix qu'on la nomme ainsi pendant le procès, par solidarité avec ses enfants et petits-enfants qui portent ce même nom. Il n'est plus le sien maintenant qu'elle a divorcé du même homme, pour la seconde fois. Pour la protéger d'un plan de surendettement visant son mari, le couple avait divorcé au début des années 2000, sans jamais se séparer. Ils s'étaient remariés le 7 juillet 2007, mettant tant de soin dans ces secondes noces – une journée magnifique, où « il faisait très beau ». Elle a retrouvé aujourd'hui son nom de jeune fille, qui lui appartient.

Gisèle Pelicot a demandé au président de la cour de lever le huis clos du procès de son ex-mari. Elle a exprimé qu'en ce qui la concernait, le mal était fait et qu'elle n'agissait pas par vengeance. Mais, a-t-elle dit, « si la publicité des débats permet de faire en sorte que d'autres femmes n'aient pas à en passer par là, alors cette souffrance que je m'inflige tous les jours aura un sens ».

Il faut s'imaginer, pour cette femme pudique, le courage et l'audace que cette décision a représentés. Elle, qui avait attendu presque quatre ans avant de parvenir à visionner les images de ses viols, a décidé que le monde entier les verrait. Son pauvre corps soumis aux plus infâmes outrages. Que tout le monde saurait. Que tout le monde prendrait la mesure. Pourquoi ? « Je veux dire aux femmes violées : Mme Pelicot l'a fait, on pourra le faire. » En usant, pour parler d'elle-même, de la troisième personne et de ce patronyme qu'elle a porté cinquante ans de sa vie, elle crée une entité distincte, qui ne recouvre pas tout son être, c'est une identité de combat. Gisèle a défait le malheur pour que *Mme Pelicot* puisse soigner d'autres malheureuses.

Qu'il dût être terrifiant le chemin de ces années d'instruction pour que Gisèle devienne une autre Gisèle. Il faut imaginer le matin du 2 novembre 2020, le couple Pelicot se lève vers sept heures et s'attable pour le petit déjeuner, un moment précieux. Gisèle fait remarquer que c'est la date de naissance de son frère, qu'elle a perdu trop jeune. « Aujourd'hui Michel aurait soixante-neuf ans. » Ils ont rendez-vous au commissariat de Carpentras où ils ont été convoqués. Gisèle n'est sans doute pas très inquiète, car elle pense savoir de quoi il retourne, son mari le lui a avoué. Trois semaines plus tôt, alors qu'elle séjournait en région parisienne pour passer du temps avec ses petits-enfants, Dominique a été interpellé par un vigile dans un supermarché, car il photographiait sous les jupes de clientes. Passé un probable étonnement qui devait être assez désagréable, elle lui a dit qu'il fallait se faire aider et qu'il devait présenter des excuses à ces femmes. Il était très embarrassé, et lui a assuré que c'était la première fois qu'il faisait une chose pareille. Elle lui a pardonné, mais l'a prévenu qu'elle n'accepterait pas que cela se reproduise.

Sur le trajet, c'est Dominique qui prend le volant, il a l'air tranquille. Quand ils arrivent au commissariat, ils sont dirigés dans des salles différentes. Est-ce qu'elle suit des yeux son mari s'éloigner dans un couloir ? Monter un escalier ? S'échangent-ils un mot : « À tout à l'heure » ? C'est la dernière fois qu'elle le voit en chair et en os pour les quatre prochaines années. Elle ne le sait pas. Il n'y aura pas d'au revoir, pas de scène, pas d'explication, pas de cri, pas de question, pas de regard. Elle est reçue par le sous-brigadier Perret, dont elle dira plus tard qu'il lui a sauvé la vie. Pour le moment, il s'apprête, bien malgré lui, à l'anéantir. Et cet homme a dû sacrément réfléchir à la manière d'apprendre à une femme ce qu'il va lui annoncer. Il l'a d'abord interrogée sur son mari : quel homme était-il ? Elle a assuré qu'il était bienveillant et attentionné, usant de cette formule : « C'est un super mec. » L'agent s'est enquis de l'utilisation faite par Dominique de son ordinateur, de ses téléphones, des réseaux sociaux. Est-ce qu'ils invitaient des gens chez eux ? Bien sûr qu'ils invitaient parfois des amis chez eux… Quand il a commencé à la questionner sur sa propre sexualité, Gisèle Pelicot a dû s'étonner. Quel rapport avec l'épisode pathétique du Leclerc ?

Elle a répondu que sa sexualité était « normale ». Sans en dire plus. Il a insisté. Non, elle ne pratiquait pas l'échangisme, en précisant qu'elle ne supporterait pas les mains d'un autre et qu'il lui fallait des sentiments.

Pourquoi lui poser de telles questions, pour une histoire, certes déplorable, mais tout de même anecdotique ? L'enquêteur lui a ensuite montré des photos. Gisèle Pelicot ne s'est pas reconnue sur la première. Elle ne comprenait pas. Il lui en a présenté d'autres, lui a désigné la table de nuit que l'on pouvait apercevoir. Sa table de nuit. Elle prit alors conscience que c'était elle sur les images, avec des hommes dans des positions sexuelles. Je ne peux pas écrire « avec elle », je dirai : « des hommes dans des positions sexuelles avec son corps ». Elle ne connaissait aucun des hommes. Elle n'avait aucun souvenir des actes représentés sur les photos.

Elle a refusé de voir les vidéos.

« La façade est solide, mais à l'intérieur c'est un champ de ruines », s'est-elle décrite la première fois qu'elle a pris la parole, en septembre 2024, au procès de son mari et des cinquante coaccusés. L'événement a déraciné sa vie, pour reprendre les mots de Simone Weil. « Il n'y a vraiment malheur que si l'événement qui a saisi une vie et l'a déracinée l'atteint directement ou indirectement dans toutes ses parties, sociale, psychologique, physique. » La façade est solide, en effet, et la France entière (le monde ?) a retenu son souffle et admiré tout au long des mois d'audience cette petite femme impeccable, toujours élégante. Silhouette menue d'un mètre soixante-cinq, deux grands yeux noirs, dont la pupille semble manger l'iris, et un nez qui jappe à la lune, conférant à ce beau visage un éternel air juvénile. Cette femme debout, c'est ce qui a frappé, quand chacun fut traversé par cette même pensée qu'à sa place nous serions restés effondrés, prisonniers de la nuit. Elle, qui a refusé toute interview, a répondu avec détermination à toutes les questions de la cour criminelle du tribunal d'Avignon, y compris à celles, frôlant parfois l'indécence, de certains avocats de la défense. Comme de suggérer qu'elle pourrait avoir un côté exhibitionniste. Des questions vouées à creuser le moindre interstice du jardin privé qu'avait été sa vie. À l'ouverture du procès, le 2 septembre, la salle n'était pas pleine. C'est aux mots hauts et clairs de Gisèle Pelicot, arrivée en robe rouge le 5 septembre, qu'une véritable bascule s'est produite.

En me relisant, je suis frappée d'avoir utilisé instinctivement le mot de « bascule » pour décrire le renversement survenu grâce à Gisèle Pelicot, car je l'ai employé pour désigner le cœur noir du fait divers. Tout au contraire, en ce qui concerne la victime de cette affaire, il qualifie un moment admirable. Pourquoi le même mot m'est venu ? Car il exprime, dans les deux cas, une discontinuité stupéfiante. Quand Gisèle Pelicot a pris la parole, un *miracle* s'est produit, dans le sens donné par *Le Larousse* de « fait dont la cause échappe à la raison de l'homme ». Allant par là, nous pourrions dire que le passage à l'acte criminel constituerait un *miracle noir*.

On l'a éduquée, Gisèle, dans l'idée qu'il fallait « partager les sourires et cacher les larmes », certes. Cela a dû jouer dans sa propension à paraître toujours gaie, menant, apparemment sans heurt, une vie heureuse et bien remplie jusqu'à ses soixante-dix ans. Après des études de sténodactylo, elle était devenue cadre chez EDF. Elle y était entrée à trente ans, avant de progressivement gravir les échelons jusqu'à devenir préparatrice logistique pour les centrales nucléaires. Un exemple parfait de ce temps qui nous semble maintenant révolu où l'on menait carrière toute une vie dans la même entreprise, s'acheminant sans remous vers une retraite bien méritée. Une mère aimante de trois enfants, une fille et deux garçons, devenue grand-mère présente et dévouée. Elle n'aimait rien tant que d'accourir pour s'occuper des petits quand on le lui demandait, et elle restait autant de temps qu'il le fallait. Pas non plus une « mamie gâteau », cette sexagénaire, qui comptait bien profiter du dernier chapitre de sa vie.

De la chorale, un peu de gymnastique, mais sa passion est d'être une vraie marcheuse. « Quatorze ou quinze kilomètres tous les jours », a-t-elle précisé à la barre. C'est ce qu'elle fera, dans les premiers temps de la découverte, marcher seule, pour pouvoir crier, hurler au vent toutes les questions qui lui brûlent la gorge. Rien qu'au vent et aux arbres. Son mari n'était plus là pour lui répondre.

Elle aime la garrigue, la montagne, l'une des raisons qui ont favorisé le déménagement de la région parisienne pour une jolie maison aux volets bleu pâle, avec piscine et jardin arboré, dans le petit village provençal de Mazan. Le couple Pelicot y avait trouvé le lieu idéal pour finir leur vie. « Toujours coquette », comme elle s'est décrite, n'aimant pas, même pour aller au marché, sortir sans être correctement habillée, coiffée, maquillée. Une mine gracieuse que l'on construit d'abord pour soi, pour se sentir bien, à un âge où l'on se connaît maintenant par cœur. À l'image de ce carré brun vénitien, retouché de frais chaque mois, comme un rendez-vous immuable, car on a décidé, une fois pour toutes, qu'il était notre visage au monde. Jeune fille, elle aurait bien aimé devenir coiffeuse. « Un éternel souci du détail », pouvait la taquiner son mari quand elle lui faisait remarquer parfois un manque d'élégance vestimentaire.

Elle était surtout une grande amoureuse. Cinquante ans de vie commune avec le même homme, une union décrite comme « fusionnelle ». À rendre jaloux les amis, de ne pas connaître ce secret de longévité. Elle a dix-neuf ans à peine, quand elle rencontre ce jeune homme avec un pull marin qui conduisait une 2 CV rouge. Elle revoit, « comme si c'était hier », son apparition en ce mois de juillet 1971. Lui se souviendra de la jeune fille assise à une terrasse avec des lunettes de soleil « à la Jackie Kennedy ». Un coup de foudre. Et ce n'est pas vouloir faire offense à cette dame remarquable (dans son sens premier de ce « qui est susceptible d'attirer l'attention ») que de rappeler ici son grand amour, comme un élément fondateur et constitutif de sa vie. D'abord, car c'est elle qui l'a exprimé à plusieurs reprises lors de ses rares mots au procès de Mazan. « Je me suis dit tellement de fois : "Quelle chance j'ai de t'avoir à mes côtés" », paroles qu'elle lui a adressées en l'appelant par son prénom, mais sans le regarder, cet homme qu'elle jugeait « exceptionnel ». Il était toujours aux petits soins pour elle, préparant la cuisine, lui apportant son sorbet préféré au lit, amoureux démonstratif, la prenant sans cesse en photo. « Tu l'as tellement fait rire », a écrit sa fille Caroline dans son livre *Et j'ai cessé de t'appeler papa*, en s'adressant à son père. « Tu faisais une blague, elle s'esclaffait. Je me disais qu'après tant d'années, c'était un miracle de garder cet humour commun. Durant vos premières années à Mazan, vous étiez hilares. Tout était prétexte à rigoler. » Ils aimaient partager le cinéma, les dîners, les amis ; tous deux convaincus d'avoir trouvé l'âme sœur.

Nier les cinquante ans de vie commune de ce couple n'aiderait en rien à éclairer l'incompréhensible. Son amour de jeunesse, avec qui elle a été « si complice » pendant cinq décennies, restera l'histoire de sa vie. Accepter cela, c'est pouvoir imaginer ce qui a été volé à cette femme le 2 novembre 2020, quand la police de Carpentras l'a informée des faits reprochés à son « amour ». Par-delà l'horreur sidérante des crimes, c'est une existence entière qu'on anéantissait. Sa belle vie, devenue « champ de ruines ».

7

L'adversaire

Trouver la bonne distance est une question qui vous obsède quand vous écrivez. Mais quand vous écrivez sur une tragédie réelle et non fictionnelle, advenue à d'autres, cette réflexion vous harcèle. Rien ne peut être parfaitement honnête, ni le proche ni le lointain. « Focalisation interne, externe, omnisciente ? », préciserait un professeur de français. En lisant *Un corps à soi* de la philosophe Camille Froidevaux-Metterie, j'ai glané un fragment de réponse. « Dire "je", c'est assumer une prise de parole incarnée. Bien plus qu'un choix grammatical, il s'agit d'un parti pris épistémologique. Mon corps, écrit Merleau-Ponty, "est l'instrument général de ma compréhension" : il est en prise avec le monde ; il est en relation avec autrui. » Pour se donner le droit de parler de l'autre, la politesse serait de dévoiler d'où l'on parle. De faire corps, sans s'effacer.

L'écrivain Emmanuel Carrère mit des années à trouver *d'où* parler de Jean-Claude Romand. Fait divers, devenu cas d'école, d'un faux médecin qui avait menti sur son existence à ses proches pendant dix-huit ans. Il tua toute sa famille quand sa vie de mensonges fut sur le point d'être révélée. Dans une lettre que l'écrivain envoya au criminel en 1996, qui était informé de son projet littéraire, Carrère écrit : « Ce n'est évidemment pas moi qui vais dire "je" pour votre compte, mais alors il me reste, à propos de vous, à dire "je" pour moi-même. » Le roman d'Emmanuel Carrère *L'Adversaire* vint quand l'écrivain résolut ce problème de la distance. Et son texte célèbre s'ouvre sur le parallèle de sa propre journée – Carrère assistait à une réunion scolaire pour son fils du même âge que celui de Romand, puis se rendait à un déjeuner chez ses parents – avec celle de Jean-Claude Romand, le jour du 9 janvier 1993, où il assassina ses deux enfants, sa femme, puis ses parents.

En novembre 2020, j'étais en train d'écrire un texte, qui deviendrait mon roman *Artifices*, dans lequel le personnage principal, Abel Bac, un flic qui collectionne les orchidées dans son petit appartement, est hanté par un fait divers traumatisant qu'il a vécu quand il avait dix-huit ans. Il en rêve presque toutes les nuits, et se réveille en sursaut. Alors pour tenter de se rendormir, il compte ses fleurs. Le 2 novembre, j'étais en plein dans les cartons, car la semaine suivante mon appartement était vendu et je quittai Paris. J'allais bientôt tomber enceinte de ma seconde fille. Dans une autre vie, j'aurais voulu me trouver à la sortie du commissariat de Carpentras ce jour-là, pour pouvoir ramasser le désespoir de cette femme, Gisèle Pelicot, que je ne connais pas, et la serrer entre mes bras. Qu'elle n'ait pas à traverser seule la rue.

Je comprends en écrivant ce texte aujourd'hui, par le miracle des mots qu'elle a prononcés au procès, que c'est en fait elle qui s'est baissée jusqu'à nous, pour nous serrer dans ses bras.

8

« Le mal habite dans l'âme du criminel sans y être senti »

Il est difficile de continuer d'accoutrer cette affaire de la cape du « fait divers », quand sa couverture médiatique et son retentissement ont été internationaux. Pour suivre Barthes, ce fait divers immanent s'est transformé, il a éclos. On ne compte plus le nombre de journaux et magazines ayant affiché le visage de Gisèle Pelicot, à la une, en France, en Espagne, en Allemagne, aux États-Unis… Juste revanche pour celle dont le visage ne fut longtemps ni recherché ni regardé par ses abuseurs. Dans le petit clip inédit (et inattendu) diffusé lors de ses vœux aux Français le 31 décembre 2024, le président Macron a utilisé son image, calée, comme un coup de tonnerre, entre celles des Jeux olympiques et de la réouverture de la cathédrale Notre-Dame. Gisèle est devenue une autre Dame. Une éclaireuse, qu'elle l'ait ou non désiré. Elle fut élue par le journal britannique *The Independent* « femme la plus influente » de 2025. Une pétition circule pour qu'elle reçoive le prix Nobel de la paix. Il y a quelques jours, la pétition avait dépassé les cent soixante mille signatures.

Quand on s'intéresse aux figures féministes qui ont œuvré au combat des femmes, il est pertinent d'opérer une distinction. D'un côté, celles qui ont décidé concrètement d'entrer dans la lutte en produisant à dessein du discours, des textes, des actions signifiantes – quelques exemples parmi tant : Olympe de Gouges, Virginia Woolf, Simone de Beauvoir, Gisèle Halimi, Simone Veil, Élisabeth Badinter… Et de l'autre, celles dont le mode d'existence affranchi, les actes et œuvres ont nourri incidemment le combat. Je pense parmi d'autres nombreuses à Gertrude Stein, Françoise Gilot, la peintre allemande Gabriele Münter, ou encore Frida Kahlo et Gabriële Buffet Picabia, ces deux dernières que je connais bien pour leur avoir consacré des livres. Les secondes, dont la vie a par aventure concouru au combat, ne sont pas moins nécessaires ou courageuses que les premières, qui ont fait de leur vie œuvre de lutte. Le cas de Gisèle Pelicot est difficile à qualifier, car elle emprunte aux deux catégories et en crée une troisième, d'une matière tragique. Je pense ici en écho à l'Iranienne Mahsa Amini.

En étant plongée dans le « malheur », dans l'acception que Simone Weil donne à ce mot, après une vie d'une tranquille simplicité, Gisèle Pelicot est parvenue, par sa réponse au malheur, à vaincre l'absence et à continuer à « aimer », dans le sens de n'être pas restée dans les ténèbres, mais de s'être tournée vers les autres malheureux. Dans son texte puissant *L'Amour de Dieu et le malheur* qui date de 1942 (et dont chaque lecteur peut être pénétré qu'il soit croyant ou athée, ce qui est mon cas), la philosophe écrit : « Dans le domaine de la souffrance, le malheur est une chose à part, spécifique, irréductible. Il est tout autre chose que la simple souffrance. Il s'empare de l'âme et la marque, jusqu'au fond, d'une marque qui n'appartient qu'à lui, la marque de l'esclavage. [...] Le malheur est un déracinement de la vie, un équivalent plus ou moins atténué de la mort. [...] Il n'y a vraiment malheur que si l'événement qui a saisi une vie et l'a déracinée l'atteint directement ou indirectement dans toutes ses parties, sociale, psychologique, physique. [...] Ceux à qui il est arrivé un de ces coups après lesquels un être se débat sur le sol comme un ver à moitié écrasé, ceux-là n'ont pas de mots pour exprimer ce qui leur arrive. [...] Et ceux qui ont été eux-mêmes mutilés par le malheur sont hors d'état de porter secours à qui que ce soit et presque incapables même de le désirer. [...] Pendant cette absence il n'y a rien à aimer. [...] Le malheur durcit et désespère parce qu'il imprime jusqu'au fond de l'âme, comme un fer rouge, ce mépris, ce dégoût et même cette répulsion de soi-même, cette sensation de culpabilité et de souillure, que le crime devrait logiquement produire et ne produit pas. Le mal habite dans l'âme du criminel sans y être senti. Il est senti dans l'âme de l'innocent malheureux. »

Ces passages m'accompagnent depuis que j'ai entrepris d'écrire ce livre. J'ai la sensation que par-delà les quatre-vingts ans qui nous séparent de sa rédaction, les mots de Weil me permettent d'appréhender et de réfléchir au malheur qui a frappé Gisèle Pelicot. L'idée puissante de ce texte est que le mal commis par le criminel est non seulement imposé à la victime mais *transmis* à la victime, qui le porte, en sus de la douleur infligée.

C'est une idée que l'on trouve établie dans les ouvrages qui analysent les abus sexuels et leurs conséquences. Nous pouvons reconnaître, dans l'essai du magistrat Antoine Garapon *Pour une autre justice : La voie restaurative*, un même constat : « Le viol est le seul crime dont l'auteur se sent innocent et la victime coupable. » La victime est marquée et habitée par l'essence du mal que son bourreau lui a infusée en même temps que la blessure. Par ailleurs, le criminel sexuel est étranger à son propre mal, il se ressent être une victime. Il commet ainsi un crime, toujours doublé.

Weil poursuit : « Tout se passe comme si l'état de l'âme qui par essence convient au criminel avait été séparé du crime et attaché au malheur ; et même à proportion de l'innocence des malheureux. » Quand on lit ce texte terrible et important de la philosophe, on y associe spontanément un type de crime. Non pas ceux du braqueur, du faussaire ou du profiteur, mais celui du criminel qui, sans la tuer, s'attaque de manière irréversible à la chair de l'autre.

9

Am I a bad feminist ?

Quand je découvre un fait divers, je tente d'approcher chaque protagoniste sans préjugés, avec une même humanité. Je fais corps avec les victimes et avec les coupables. Chemin faisant, j'ai pris conscience d'une tendance plus nette chez moi à prendre en considération les criminels, qu'une évidence à me concentrer sur leurs victimes. J'en ai conçu un trouble. Notamment au contact de l'affaire de Mazan. Ma compassion pour Gisèle Pelicot ne soulevait aucun débat, elle existait simplement, pleine et entière. Mon émotion à l'apercevoir, tous les jours, était sororale, et quand je l'ai entendue prendre la parole à la barre, mon être s'est concentré pour ne devenir que le réceptacle de sa voix. Cela ne m'empêchait nullement de considérer les hommes accusés avec la même attention.

Pourquoi voulais-je à tout prix les *comprendre*, ces âmes déréglées, dans le sens étymologique de « les prendre avec moi » ?

M'est revenue une saynète d'une série britannique, *Fleabag*, dans laquelle deux sœurs se retrouvent dans un colloque sur le féminisme. Quand la conférencière pose la question rhétorique suivante à la salle : « Qui donnerait dix années de sa vie en échange d'avoir un corps parfait ? », les deux sœurs lèvent immédiatement la main et, constatant qu'elles sont les seules de tout l'auditorium, baissent le bras et se rencognent dans leur strapontin, honteuses. L'une se tourne vers l'autre pour lui murmurer : « *We are bad feminists.* »

Ce procès m'a obligée à interroger sans complaisance mon goût du fait divers, compagnon depuis l'enfance, qui semblait concentrer l'aura du mystère sur les criminels et reléguer les victimes au second plan. La question m'a alors tourmentée : *Am I a bad feminist ?*

Dans cet élan de compréhension, il existe une exception sensible, ce sont les faits divers qui concernent des enfants. Devenue mère, ma répulsion pour ces affaires s'est accentuée avec une violence animale. Quand un enfant est la victime, il occupe mes pensées entièrement, sa chair meurtrie brouille toute autre boussole, il n'est plus question d'envisager le criminel, celui-ci disparaît de mon optique, il ne m'intéresse plus, mon corps fait barrage. Ce n'était pas le cas quand j'étais plus jeune.

Considérant cela, je remarque qu'il m'est impossible de me pencher sur le criminel sans m'attacher à l'enfant qu'il a été. Sans m'en faire la mère. Comme le rappelle Antoine Garapon dans son essai, il n'est pas rare qu'un enfant maltraité reproduise le schéma mortifère et devienne maltraitant à l'âge adulte : « La victime prend le relais de l'abuseur pour devenir son propre persécuteur, son propre abuseur. Elle se maudit elle-même.

En témoigne l'application qu'elle met à rater sa vie, à organiser son naufrage – en lien avec l'abus initial. Cette collaboration forcée peut conduire la victime à devenir à son tour tortionnaire. » La société, qui a fait défaut à ses enfants, doit s'en souvenir dans les adultes qu'ils sont devenus. Parmi les cinquante accusés présents de l'affaire de Mazan, dix auraient été victimes d'abus sexuels dans l'enfance, onze ont été victimes de graves maltraitances, dont deux pour lesquels les expertises soupçonnent également des abus sexuels, treize ont eu une enfance difficile (absence d'un parent, addiction des parents, absence de soutien et d'affection, graves difficultés financières...) Par ailleurs, il a été retrouvé, lors des investigations du matériel informatique des coaccusés, des images à caractère pédopornographique pour six d'entre eux.

Trente-quatre accusés sur cinquante ont donc subi des traumatismes lors de leur enfance. Presque les trois quarts. Les chiffres du gouvernement évaluent que dans l'enfance, 24 % des Français de plus de dix-huit ans estiment avoir été victimes de maltraitances graves ; 13 % des femmes et 5,5 % des hommes disent avoir souffert de violences sexuelles. Il saute aux yeux que ces abus sont surreprésentés dans le groupe des accusés de l'affaire de Mazan.

Béatrice Zavarro, l'avocate de Dominique Pelicot, est une toute petite femme à la présence charismatique inversement proportionnelle à sa taille. Des cheveux poivre et sel très courts ornés de lunettes rondes et rouges perpétuellement juchées à leur cime en diadème, des doigts lestés de bagues et des yeux, soulignés de khôl, qui semblent percer la moindre de vos intentions. Particularité suffisamment inhabituelle pour être notée, elle n'avait pas de collaborateur pour l'épauler sur un tel dossier. Pour défendre Dominique Pelicot, elle était seule. (Enfin, pas tout à fait, car son mari a assisté au procès tous les jours, assis au premier rang. Immanquable. Il eut droit à son portrait dans les journaux. Il dit simplement qu'il s'était senti le besoin d'accompagner sa femme dans cette épreuve, alors il avait pris un congé. Saint homme.)

Lors de sa plaidoirie, maître Zavarro a entrepris de redire à la barre l'histoire traumatique de l'enfant qu'a été Dominique Pelicot. Soumis à la brutalité et à l'obscénité d'un père qui les aurait maltraités, sa mère et lui. Il aurait vu ses parents avoir des rapports sexuels violents. Adolescent, passant près d'un chantier, il aurait surpris un groupe d'hommes en train d'agresser sexuellement une femme. Ces hommes l'auraient obligé à participer, forçant le garçon à rejoindre l'assaut, *à montrer de quoi il était capable*. Il garderait le souvenir d'avoir eu le visage plaqué par les autres sur le sexe de la femme, sentant l'urine et le sperme, ce qui l'aurait fait vomir. On peut noter qu'aussi infamant que soit ce souvenir, la femme victime est déshumanisée dans le récit qu'il en fait. Un autre épisode est apparu dès sa première audition, un viol qu'il aurait subi à neuf ans par un infirmier lors d'une hospitalisation pour une blessure à la tête, occasionnée par une pierre lancée par son frère Joël. Ce viol, dont il avait informé sa famille en leur distribuant un récit autobiographique qu'il avait écrit en 2011, courra comme un fil rouge tout au long des déclarations de Dominique Pelicot. Il en gardera un tic pendant des années, celui de se ronger les ongles jusqu'au sang. Zavarro fera de ces traumatismes originels l'axe de sa plaidoirie, rapportant sous forme d'un constat terrible les propos du principal accusé : « Je suis allé au bout de moi-même, pour m'apercevoir qu'il n'y avait personne. »

Un autre enfant meurtri s'est aussi révélé, celui que fut Jean-Pierre M., que la presse a surnommé « le Disciple ». Seul coaccusé à ne s'être jamais rendu à Mazan et à n'avoir pas rencontré Gisèle Pelicot. Cas à part dans le procès, il est poursuivi pour avoir sédaté et abusé de sa propre épouse en compagnie de Pelicot, qui lui avait fourni du Témesta. Pelicot estime s'être rendu de dix à quinze fois chez Jean-Pierre M. entre 2016 et 2020, mais n'être entré dans la chambre de l'épouse qu'à quatre reprises, car elle n'était pas toujours suffisamment endormie. Les crimes ont pris fin en juin 2020, quand cette femme s'est réveillée en pleine nuit et a vu un inconnu dans sa chambre. Pelicot a pris la fuite, laissant le mari gérer la situation. Jean-Pierre M. n'a rien trouvé de plus crédible que d'expliquer à sa femme qu'il avait rencontré cet homme à vélo, et qu'il voulait voir ses sous-vêtements. On imagine mal cette conversation surréaliste. Cette femme, mariée avec Jean-Pierre M. depuis plus de vingt-cinq ans, avec qui elle a eu cinq enfants, n'a pas souhaité porter plainte contre son mari.

À l'inverse de Dominique Pelicot, qui s'est ouvert de son enfance dès sa première audition, Jean-Pierre M. n'a pu parler de la sienne. Quand son avocat avait demandé à cet homme comment s'était passée son enfance, il lui avait répondu : « Très bien. » Et l'avocat d'ajouter : « Par honte, il m'a menti. » Son enfance était innommable, constituée de multiples abus sexuels et d'actes de tortures et barbarie. Le père de Jean-Pierre M. faisait violer leur mère par d'autres hommes devant ses enfants. Il les battait, les attachait à un arbre pour leur faire passer la nuit dehors. La fratrie avait fini par dormir chaussures aux pieds et fenêtres ouvertes pour tenter de fuir dans la forêt quand leur père venait dans leur chambre pour les agresser sexuellement. C'est au fil des expertises liées à sa mise en examen que le mur s'est craquelé et que Jean-Pierre M. en a parlé pour la première fois de sa vie. Sa propre femme et ses enfants n'étaient pas au courant. Le récit de son enfance a été corroboré par sa fratrie.

« On ne naît pas pervers, on le devient », a rappelé Béatrice Zavarro dans sa plaidoirie. Les mots que Pelicot lui-même avait prononcés au premier mois du procès.

10

« Comment ne se rendait-elle pas compte ? »

J'ai fait l'expérience de discuter de cette affaire avec des gens variés de mon entourage. Il peut m'arriver de monopoliser la conversation avec un fait divers dans une soirée, les gens ne savent généralement pas de quoi il retourne. (Excepté l'autre convive obsessionnel qui tilte, car il y a toujours un autre obsessionnel.) Mazan, tout le monde en avait entendu parler. La couverture médiatique a été telle qu'à moins de vivre en ermite, il était impossible de passer à côté. Quand je pouvais évoquer mon travail à ce sujet, les questions fusaient.

Mais la connaissance de l'affaire, ai-je pu constater lors des conversations, restait souvent superficielle. Si beaucoup pouvaient la résumer en une phrase, l'affaire donnait l'impression de se dérober à toute compréhension. Les discussions restaient des fragments spectaculaires, des détails renversants, comme ces frissons que les bandes d'enfants aiment partager en se racontant une histoire d'horreur, pelotonnés dans un grenier. Une des questions récurrentes, qui m'a été posée entre autres par deux médecins, était : « Mais comment se procurait-il les médicaments pour endormir sa femme ? » Quand je répondais qu'il les obtenait simplement sur ordonnance, jaillissait la même réponse : « C'est impossible. » Précisons ici que Dominique Pelicot s'est expliqué sur le Témesta, mais pas sur le Stilnox, également retrouvé en quantité massive dans l'analyse des cheveux de son épouse, médicament pour lequel il n'avait pas d'ordonnance.

L'autre question qui revenait sans cesse était : « Comment ne se rendait-elle pas compte ? » Même si le réflexe de poser cette énigme est légitime, il a pour conséquence de mettre en doute les mots de Gisèle Pelicot, car la question était toujours suivie de ce même commentaire suspicieux : « C'est impossible. » Pédagogique, j'entreprenais de décrire la situation. Cette femme était alertée par un faisceau de signes très angoissants. Des trous de mémoire massifs s'étaient multipliés, elle pouvait oublier des pans entiers de ses journées, ne sachant plus qui elle avait vu, les rendez-vous auxquels elle s'était rendue, à qui elle avait parlé au téléphone, quand elle s'était couchée le soir. Elle déplorait des sommeils anormalement longs, où elle pouvait dormir jusqu'à la fin de l'après-midi. Elle reprochait alors à son mari de ne pas l'avoir réveillée. Mais il lui répondait qu'elle avait l'air si fatiguée. Il estimait qu'elle s'occupait trop de ses petits-enfants, qu'il fallait qu'elle se ménage. Elle maigrissait, perdait ses cheveux. Des gens de son entourage lui rapportaient l'avoir côtoyée dans un état hagard, où elle balbutiait, avec un visage sans expression, comme si elle faisait un AVC. Elle ne s'en souvenait pas. Elle souffrait de problèmes gynécologiques et se réveillait parfois avec la sensation « d'avoir perdu les eaux ». Tous ces troubles pour lesquels elle allait régulièrement consulter des médecins qui ne trouvaient *rien*.

Neurologues qui lui disaient que tout allait bien. Gynécologues qui constataient des inflammations et s'en tenaient là. Mais personne ne fit d'analyses toxicologiques ou de recherches de MST. Il s'agit d'une presque septuagénaire, en couple depuis cinquante ans, à la vie tranquille et saine, elle ne prend pas de médicaments, ne fume pas, boit un verre à l'occasion, ne se drogue pas. C'est une grand-mère qui aime marcher dans la garrigue. Il faut bien comprendre que pour chercher quelque chose, il faut avoir l'intuition que ce *quelque chose* peut exister. Cela s'applique en premier lieu à la victime, qui n'entrevoit pas l'inconcevable. Cette femme s'endormait dans son lit, sous son propre toit, et se réveillait au même endroit dans le même pyjama. Son mari, après les « séances », la nettoyait et la rhabillait. Car pour l'abuser et la faire abuser, il l'attifait, comme une poupée marionnette, de toutes sortes de lingeries fétichistes, string et porte-jarretelles, voire de sous-vêtements couverts d'inscriptions injurieuses.

Quand le 2 novembre 2020, Gisèle Pelicot a appris ce qui lui avait été infligé pendant dix ans, elle a aussi découvert que son foyer avait été le lieu de tous les dangers. On lui a ôté cette cloison vitale entre l'extérieur et l'intérieur (ce dernier constituant l'abri fondamental). On lui a appris que dans sa petite maison de Mazan, elle n'avait jamais été *chez elle*.

Les seuls autres éléments suspects que Gisèle Pelicot a pu évoquer sont une série de petites taches apparues sur un pantalon qu'elle venait de s'acheter la veille ; une bière blanche servie par son mari, qui avait une drôle de couleur verte ; un texto d'un inconnu aperçu par hasard sur le portable de son mari évoquant des « photos échangées ». Elle en a parlé à chaque fois à Dominique Pelicot, qui a feint de ne pas comprendre ou a improvisé une raison quelconque. Elle voulait rapporter la bière au magasin, pensant qu'elle lui avait été vendue périmée, mais son mari s'est empressé de la jeter.

Les débats ont ergoté sur deux points. Quand elle se plaignait de ses gênes gynécologiques, Pelicot aurait osé une *blague* : « Mais qu'est-ce que tu fais de tes journées ? » Extrême mauvais goût, quand on connaît aujourd'hui les circonstances. Quant à l'épisode du pantalon tout neuf, constellé de taches, Gisèle Pelicot, troublée de ne pas se souvenir du geste qui aurait pu provoquer ces salissures, aurait lancé à son mari : « Tu me drogues ou quoi ? » Il s'était offusqué qu'elle puisse proférer une telle accusation, allant jusqu'à lui dire : « C'est dégueulasse ! »

Est-ce vraiment suffisant pour qu'elle puisse imaginer l'horreur surréaliste de ce que l'homme, avec qui elle est mariée depuis cinquante ans dans un climat de confiance qu'elle pense absolu, lui fait subir ? Bien que l'affaire fût déjà très médiatisée, mes interlocuteurs restaient au niveau de son caractère sidérant. L'énigme de ces crimes, commis pendant si longtemps sans que la victime le sache, s'est élucidée par les explications données par

Gisèle Pelicot. Mais l'énigme continue à faire résistance, car elle nourrit aussi un mystère, un néant que l'on ne peut saisir et qui nous donne le vertige. L'erreur est d'imputer à la victime la frustration engendrée par ce mystère, dont elle n'a pas à se justifier. C'est Dominique Pelicot qui crée chez nous un sentiment d'*impossibilité*.

Quand le magazine *Paris Match* m'a proposé, fin septembre 2024, de me rendre à Avignon pour écrire des articles – les audiences avaient déjà commencé depuis presque un mois –, j'ai paniqué. Je ne suis pas chroniqueuse judiciaire. Quelle était ma légitimité ? Par ailleurs, l'idée de prendre un procès *en cours* m'apparaissait cavalière et périlleuse.

J'ai discuté après coup avec différents journalistes qui m'ont fait remarquer que la presse en général n'avait pas anticipé ce qu'allait devenir ce procès. Les demandes d'accréditation au mois d'août, avant son ouverture, n'étaient pas nombreuses. C'était encore *un fait divers*. Et suffisamment *sordide* pour qu'on se pince le nez et qu'on le laisse aux spécialistes du genre, les faits-diversiers, afin qu'ils remplissent leur rubrique. On s'est étonné également de la petitesse de la salle choisie pour héberger cette cour criminelle. Taille modeste qui a nécessité l'ouverture d'une autre salle avec un système de retransmission, puis la réquisition de trois autres salles pour le jour du verdict. Ces arrangements n'ont d'ailleurs jamais suffi à accueillir le public qui s'y est pressé quotidiennement. Le système judiciaire n'avait simplement pas anticipé, lui non plus, que la couverture de ce procès deviendrait événementielle et mondiale.

Ce n'est que dans le courant du mois de septembre que cette affaire a véritablement *éclos*, qu'elle s'est libérée de sa structure immanente, pour éclabousser toute la société. Alors ont commencé à pleuvoir les demandes d'accréditation, et le monde entier a accouru à Avignon.

Dès le premier jour d'audience auquel j'ai assisté, j'ai compris que je ne savais rien, que tout ce que j'avais pu lire, articles, ordonnance de mise en accusation, était rebattu par ce qui se jouait dans cette salle. Les protagonistes n'étaient plus des silhouettes. J'étais dans cette salle comme dans un champ sursaturé de signes. Il s'agissait d'être humble face au labyrinthe de cette instruction de plus de trente mois qui devait trouver ici sa conclusion judiciaire, respectueux face à la douleur de la principale victime et de tous ses proches, aux aguets de la clameur croissante de la société, attentif aux hommes venus attendre leur condamnation, humain face au mystère « qui provoque tout à coup une sommation à comprendre », pour reprendre les mots d'Emmanuel et de Mathias Roux.

11

« Pourquoi n'avez-vous pas prévenu la police ? »

Lors du procès, la question suivante a été posée aux coaccusés de Dominique Pelicot : « Pourquoi n'avez-vous pas prévenu la police ? » La question peut paraître superflue, si l'on part du principe que les gens ayant commis un crime cherchent rarement à s'incriminer. Elle ne l'est pas et traduit le scepticisme des magistrats face aux nombreux accusés qui se défendent d'avoir perçu le caractère criminel de leurs actes au moment de les commettre. Qui admettent tout juste avoir trouvé la situation « bizarre » au sortir du pavillon de Mazan, après avoir eu, sur l'invitation du mari, des relations sexuelles avec une femme endormie. Par cette fausse question, la cour cherchait à pratiquer une sorte de maïeutique pour que ces hommes démêlent les fils contradictoires de leur propre récit et s'acheminent vers une vérité.

Rappelons que la majorité a exprimé un sentiment d'étonnement et de gêne face à ce « scénario libertin », ce « délire de couple » comme ils ont pu le nommer, se raccrochant à l'idée que Mme Pelicot ait pu, d'une manière ou d'une autre, être partie prenante d'une mise en scène orchestrée à deux. Elle aurait fait semblant de dormir, elle allait se réveiller, elle aurait pris elle-même des somnifères. Ils présument que, sur Coco.fr, il existe tous les fantasmes les plus inimaginables. Mais très peu ont maintenu l'idée que, une fois dans la chambre à coucher et au contact de la chair de cette femme à la limite du coma, ils avaient trouvé la situation *normale*. Aucun n'a pourtant renoncé, aucun n'est parti.

Un accusé, Patrice N., qui expliquait à la cour, avec force gestes, qu'en sortant il s'était dit que Dominique Pelicot était un « malade », s'est retrouvé confus face à la question et a répondu qu'il n'avait pas envie de perdre son temps au commissariat.

Quelques-uns se sont ouverts de cette expérience à des gens de leur entourage, indiquant un possible cas de conscience. Deux accusés au moins, Patrick A. et Florian R., ont cessé toute activité sexuelle après s'être rendus à Mazan. Ce n'est pas prévenir la police certes, mais c'est peut-être une forme de réponse inconsciente à la situation. Florian R., trentenaire taiseux, eut cette expression pour décrire à son avocate Guilaine Michel ce qu'il avait ressenti en sortant du pavillon de Pelicot : « J'ai eu un refroid. »

La plupart n'y ont plus pensé ou ont voulu oublier. Après s'être rhabillés dans le couloir, la cuisine ou le garage où ils avaient laissé leurs habits, ils sont sortis de la maison du couple, ont récupéré leur voiture garée à l'écart, sont retournés à leur vie. S'ils n'ont pas eu conscience de leurs actes comme certains le soutiennent, ils n'ont, par ailleurs, pas cherché à évaluer le danger que la situation pouvait présenter pour cette femme. Peut-être se sont-ils dit, commodément, qu'il ne fallait pas se mêler de la vie des autres. Pas leurs oignons. Il semble aussi, malheureusement, qu'il soit très difficile encore aujourd'hui de prendre conscience qu'une femme puisse être en danger au sein de son propre foyer, au contact de son propre mari. L'inculture du viol. Si une femme avait crié à l'aide dans une ruelle sombre, beaucoup de ces hommes auraient sans doute appelé la police, peut-être même tous, sans se poser de questions.

Il y a une partie d'entre eux pour laquelle la question se posait moins : ceux qui sont revenus dans le pavillon de Mazan. Quand trente-neuf accusés sont venus une seule fois, six hommes s'y sont rendus à deux reprises, et quatre y sont allés jusqu'à six fois. De l'ensemble des coaccusés, se dégagent donc trois groupes. Tout d'abord, la grande majorité, à qui une fois *a suffi*, et qui s'est sentie pleinement légitime de revendiquer une absence d'« intention » ou de conscience du crime. Ensuite, les six auxquels la première expérience n'a pas complètement déplu, mais qui ont pu accéder à un sentiment de « bizarrerie » ou d'« anormalité » à la deuxième venue, tout de même. Certains de ceux-là ont aussi pu plaider la non-intentionnalité et l'« emprise » de Pelicot. Ils auraient eu peur de lui déplaire, peur qu'il leur fasse du chantage en menaçant de diffuser la vidéo de la première rencontre s'ils ne revenaient pas. Et enfin les quelques hommes qui, en revenant à six reprises, ont totalement largué les amarres.

Dominique Pelicot avait la particularité, après avoir

invité ces hommes en les démarchant systématiquement lui-même sur le site Coco.fr, de les solliciter, parfois avec beaucoup d'insistance, pour qu'ils reviennent. Il n'était pas question de lâcher un comparse. Parmi les SMS envoyés à Bobby* A. (venu à six reprises à Mazan), on peut lire les demandes suivantes : « Tu m'as laissé tombé (*sic*) » « Ça va lâcheur » « On la baise quand ta mère puisque c'est ton envie » « Montre que tu as des couilles » « Tu peux revenir si tu veux nuit du 25 ».

Tous ont dit avoir été « relancés » par Pelicot. Il pouvait aussi, nous l'avons évoqué, proposer aide et savoir-faire « aux bons clients » pour mettre en place le stratagème de sédation sur une femme de leur entourage. Ainsi les compagnes et ex-compagnes des accusés ont vu leurs cheveux être testés à des fins de recherches toxicologiques, dans le cadre de l'instruction, pour vérifier qu'elles n'avaient pas été droguées à leur insu. Mais quand certains ont émis auprès de Pelicot un possible désir de ce passage à l'acte, comme Bobby* A. avec sa propre mère ou Jean-Luc L. avec son épouse, l'enquête a conclu que ces projets connexes ne se seraient pas matérialisés.

Tous ces hommes, en sortant de la maison du couple, ont dû ranger l'épisode dans une case de leur psyché : un souvenir amusant, excitant pour certains ; un souvenir gênant, désagréable peut-être pour d'autres ; voire un souvenir à oublier, à nier. Un « refroid ». Malgré nos tentatives de typologie, ils sont tous différents, et ce qui s'est passé exactement dans leur tête, même après trois ans d'instruction et quatre mois de procès, nous reste fondamentalement inaccessible. Cela reste muet.

Ces hommes, au moment des faits, évoluent dans une zone grise, un espace camouflé. Celui de l'assouvissement d'un désir assez trivial : *tirer un coup*. « Du sexe pour le sexe », a précisé l'un d'eux. Beaucoup sont en couple, ils cherchent à rassasier cette envie, sans publicité et sans dommage. Même pour les célibataires, cette « expérience » navigue dans les eaux des pulsions basses, des fantasmes, des franchissements.

Pour certains, aller chez un inconnu pour obtenir un rapport sexuel était une action banale. Comme de chercher une relation tarifée. À cela près que le libertinage, lui, est légal et gratuit. Pelicot n'a demandé d'argent à aucun de ces hommes pour violer sa femme. Ils se revendiquaient « libertins », ils avaient l'habitude de zoner sur des forums pour chercher une opportunité. Pour d'autres, non, ce n'était pas une action banale. Quand ils sont allés à Mazan, il s'agissait de leur première expérience de libertinage. Nizar H. est venu pour enterrer sa vie de garçon quelques jours avant son mariage. Julien* K., sujet à des angoisses envahissantes depuis la rupture avec sa compagne enceinte, s'y rend, sans le savoir, le jour de la naissance de sa fille. Certains ont reconnu être excités par la promesse d'une femme endormie, d'une femme totalement soumise dont on pouvait abuser à loisir ; d'autres maintiennent qu'ils ne possédaient pas cette information, qu'ils pensaient se rendre à une invitation pour un moment en trio, même s'ils n'avaient parlé qu'au mari. Trois des accusés sont gays et désiraient un rapport avec Dominique Pelicot, et non avec sa femme.

Certains ont échangé avec Dominique Pelicot de nombreux messages, ainsi que des photos de l'épouse inconsciente attifée de petite lingerie, avant de se rendre à l'invitation. D'autres y sont allés quelques heures à peine après la prise de contact sur le site Coco.fr, avec une simple adresse et des consignes. Se garer loin, être discret pour les voisins, ne pas fumer ni se parfumer avant, avoir les ongles courts et propres, se réchauffer les mains au radiateur en arrivant, chuchoter, se déshabiller en dehors de la chambre. (Certains démentent avoir reçu ces consignes, récurrentes dans le dossier.)

Andy R. s'y est rendu un 31 décembre : il était seul chez lui en ce réveillon, il n'avait « rien d'autre à faire ». Son avocat expliquera l'état de détresse émotionnel dans lequel il se trouvait. Alcoolique depuis ses quatorze ans, ce trentenaire comptait passer la fête du Nouvel An avec sa famille et a surpris la veille sur le téléphone d'un de ses frères un message de rejet : « J'espère que l'alcoolo ne sera pas là. » Il est resté seul chez lui, avec une bouteille et un gramme de cocaïne, avant de se connecter à Coco.fr et dans la foulée prendre sa voiture pour Mazan.

Deux hommes, qui ne font pas partie des cinquante coaccusés, ont décidé, après des discussions prolixes avec Dominique Pelicot, de ne pas accepter son invitation. L'un raconte simplement : « Il m'a dit qu'il donnait un cachet à sa femme pour la détendre. Le cachet, j'ai trouvé que c'était bizarre et je n'ai pas donné suite. » Figures d'exception : non pas qu'ils soient des êtres *exceptionnels*, ce qui reviendrait à héroïser celui qui ne viole pas, mais parce qu'ils forment un contre-exemple dans la kyrielle des hommes qui ont accepté. Ces deux personnes ont été qualifiées de « rescapés de l'histoire », pas moins, par un avocat de la défense. Ils ont été entendus comme témoins.

Décider de plonger dans cette affaire nécessite d'aborder conjointement un grand nombre d'histoires et de profils. Non pas de les brasser, de les amalgamer, pour en faire sortir une vérité, mais de manipuler avec précaution ce groupe fondamentalement hétéroclite.

Et la maïeutique (qui désigne la méthode de Socrate, consistant à poser des questions jusqu'à ce que la personne interrogée parvienne à trouver la vérité qu'elle possède en elle-même) enclenchée par le président de la cour n'avait peut-être au fond que cette unique visée : que les coaccusés prennent pleinement conscience dans cette salle de tribunal de l'existence de Gisèle Pelicot. Faire advenir la pensée de l'altérité. Car « les mauvaises actions sont celles qui voilent la réalité des choses et des êtres », écrit Simone Weil.

12

« Le bruit ? Quel bruit ? »

Quand il m'arrive de passer près d'une porte laissée ouverte sur la rue, je pense qu'à l'intérieur quelqu'un est en danger ou déjà mort. Quand je vois un objet insolite sur le pavé du trottoir (un bijou cassé, un seul talon de femme, une paire de collants), je pense qu'il faudrait le préserver, peut-être. Que cet objet est le possible fragment d'une histoire terrible. Que des gens le recherchent, que ça pourrait tout changer de le ramasser avec précaution, de le placer sous scellés, et que je suis en train de passer à côté avec une nonchalance coupable, avant qu'il soit embarqué à jamais par un camion-poubelle.

Un soir, j'avais vingt ans, je rentrais chez moi avec mon amie qui était aussi ma colocataire. Nous habitions un quartier endormi et cafardeux du XVe arrondissement de Paris. Alors que nous frôlions une voiture garée en discutant, j'ai cru entendre un bruit. Figée, je lui ai demandé si elle l'entendait elle aussi. « Le bruit ? Quel bruit ? » On aurait dit des cris de bébé, des pleurs de nourrisson, m'expliquai-je. Émilie, mon amie, n'entendait rien. J'étais persuadée que cela provenait du coffre. Nous sommes restées ainsi plus d'une heure. Elle, à côté de la voiture. Moi, avec l'oreille collée dessus. Nous avons fini par conclure que c'était le bruit du vent, intense ce soir-là, qui produisait un couinement en s'engouffrant dans la tôle du véhicule. Émilie, qui me connaît depuis l'adolescence, sait que j'ai une tendance à faire des fixettes. J'appelle ça des « boucles ». Patiente, elle est restée le temps qu'il fallait pour que je me rende à l'évidence – le vent – et que je n'appelle pas la police pour forcer le coffre séance tenante. Il m'est arrivé un certain nombre de fois d'appeler la police, pour être sûre. Un homme sans chaussures allongé sur un quai de métro. Des cris dans l'appartement d'à côté. Un jeune homme se baladant nu dans la rue, fiévreux. Une voisine faisant de drôles de signaux par la fenêtre. J'appelle, j'explique, je pense qu'une personne est en danger. Je reste obsédée, dans certaines affaires, par les circonstances où des gens auraient pu intervenir avant le drame. Et qui ne l'ont pas fait. Comme dans l'affaire de Sylvie Reviriego, dite « la Dépeceuse de Tours ». Un homme fut surpris, au détour d'un couloir, par l'état hagard de sa voisine Françoise Gendron. Mais elle était accompagnée d'une amie. Il a posé une question. C'est déjà pas mal. Il a posé la question à l'amie : « Qu'est-ce qu'il se passe ? » Rassuré par les explications de l'amie, il est retourné à sa vie. L'amie Sylvie a ensuite tué et découpé Françoise. Attention, je n'impute aucune responsabilité au pauvre voisin. Je ne porte pas de jugement. Je trouve déjà admirable qu'il se soit enquis de la situation. Nous sommes occupés. Nous sommes pressés. Tenus par des horaires, des frigos vidés à remplir vite, des impôts, des enfants en bas âge. Prenons un autre exemple parmi tant, dans l'affaire du tueur en série américain Jeffrey Dahmer – qui a tué, découpé, mangé en partie, au moins dix-sept hommes. Que dire du moment où l'une de ses victimes, Konerak Sinthasomphone, est parvenue à se traîner hors de l'appartement de Dahmer en son absence. Il cherche de l'aide, des voisins viennent à sa rescousse, appellent la police. Les forces de l'ordre arrivent ! Mais le jeune garçon a été drogué, il parle mal l'anglais. Il est confus. Il est douteux. À ce moment Jeffrey revient. Avec un sang-froid implacable, il explique aux policiers qu'il s'agit de son petit ami « à problèmes », qu'il va s'occuper de lui, qu'il ne faut pas s'inquiéter, « merci d'être venu, il ne fallait pas ». Les voisins insistent : Non, quelque chose ne va pas. Ce n'est qu'un enfant. Ils sont très inquiets. Mais la police laissera Konerak s'en retourner dans l'appartement de Dahmer où se trouve encore, à peine tiède, le cadavre de sa précédente victime, Tony Hughes, allongé sur le parquet de la chambre à coucher. Konerak avait quinze ans, il était d'origine laotienne, avait l'air drogué. Que faire ? Les policiers sont restés passifs. Sans préjuger trop lourdement de leur racisme ou de leurs *a priori* concernant les quartiers populaires, comme celui où vivait Jeffrey Dahmer, ils n'ont, en tout cas, pas eu tellement d'empressement à intervenir. Et puis ces flics n'étaient sans doute pas très enclins à se mêler d'histoires de « pédés ». Je ne les juge pas non plus, ces flics. Dans un tout autre contexte, leur peu de zèle à intervenir aurait pu traduire un flegme bienveillant.

C'est facile de refaire le match. Toujours est-il que je vis avec leurs fantômes, Konerak et Françoise et tous les autres, victimes de crimes devenus célèbres, même si ce n'est jamais leur prénom que l'on retient, mais ceux des criminels. Sauf dans le cas des viols de Mazan.

Ces victimes me visitent dans le flou de mes pensées quand je fais chauffer l'eau pour le café, fume une clope dehors, attends le RER ou m'endors, comme tous ceux atteints du même syndrome : le goût des faits divers. M'y plonger est l'un de mes remèdes pour trouver le calme, avec la lecture et le Xanax. Je le confesse, en ayant conscience de cette étrangeté. C'est indécent. Obscène, peut-être. Je ne regarde pas de porno, ça ne m'intéresse pas, mais je regarde beaucoup de documentaires sur les tueurs en série. Je peux me targuer, non sans un peu de honte, d'une connaissance encyclopédique à ce sujet. Je ne suis pas une bonne samaritaine quand j'appelle les flics. Je suis plutôt individualiste, jalouse de mon pré carré et très angoissée. Je rechigne à rendre des services, je ne suis pas souvent une bonne amie. Je pense d'abord à mon bien-être avant celui des autres, je ne m'efface pas, m'oublie rarement, et suis sujette aux *up and down*. Le fait que je me mêle de la situation de mon prochain n'est pas une preuve d'altruisme ou de bravoure, mais résulte en grande partie de ma paranoïa nourrie par cet attrait pour les faits divers que j'entretiens depuis mon plus jeune âge. En conséquence, quand je vois un enfant seul dans la rue, j'attends d'apercevoir un de ses parents. J'ai mis des adolescentes ivres dans des taxis. Mes névroses ont des corollaires heureux parfois, mais il faut savoir de quelle farine on est pétri. Je vois partout et tout le temps le mal potentiel. J'anticipe la situation qui va mal tourner, j'imagine le pire, j'échafaude parfaitement l'invraisemblable. Et mon imagination est sans limite.

13

A. et A.

Quand j'avais treize ans, deux frères, Arthur et Adam, deux camarades de mon collège, qui habitaient dans ma rue, ne sont plus venus en cours. Après quelques jours d'absence, des amis ont décidé de passer chez eux afin de savoir s'ils étaient malades. Ils étaient morts, abominablement morts, d'une atroce manière. Leurs deux parents aussi. Nous nous sommes rassemblés avec les autres copains devant leur maison, à plusieurs reprises. Spontanément, on y déposait des fleurs et des petits mots. Ce n'était pas une époque où l'on mettait en place des cellules psychologiques pour aider l'entourage à faire face à l'incompréhensible. On n'en parlait simplement pas. Chaque matin et chaque soir de ma scolarité de collège puis de lycée, mon trajet passait devant leur maison, restée à l'abandon. Au début, j'empruntais un détour, puis je ne l'ai plus fait. C'était difficile de regarder la maison et difficile de l'ignorer. Les articles sur ce *fait divers* se sont très vite taris, car la police avait identifié la coupable, leur mère, qui s'était suicidée après avoir commis le triple homicide. Il n'y aurait donc pas de procès.

Et nous ne saurons jamais pourquoi ils sont morts.

14

Le diable ne prélève-t-il pas toujours son salaire ?

Les pratiques de Dominique Pelicot auraient pu continuer au même rythme soutenu jusqu'à ce qu'il s'arrête de lui-même, par l'extinction de ses désirs, gagné par la vieillesse. Plus sûrement jusqu'à ce que l'ingestion de Témesta et les violences infligées à Gisèle Pelicot finissent par la tuer. Personne n'en aurait rien su, sauf l'instigateur et cette armée d'hommes complaisants, sans qu'aucun d'eux ait eu conscience de l'étendue du puzzle de complicité dont ils se trouvaient être une pièce.

Cela s'est arrêté, de façon fortuite, grâce au vigile du supermarché Leclerc de Carpentras. Il a repéré, le 12 septembre 2020, un homme d'un certain âge exécutant un curieux ballet dans les allées du magasin : avec un téléphone caché dans un sac, le monsieur filmait sous les jupes de clientes. Furieux, comme on peut en juger sur la vidéo qui a filtré sur les réseaux sociaux, le vigile alpague le voyeur et enjoint avec détermination aux clientes de porter plainte. Il est vent debout, parle fort, prend la situation en main. Il ne veut pas en rester là. Il appelle la police. C'est la première pierre de l'affaire, qui va permettre la découverte d'agissements autrement plus graves de Pelicot. Il avait été interpellé pour un autre épisode voyeuriste en 2010 dans un supermarché de Seine-et-Marne, il avait écopé d'une amende de cent euros, sa femme n'en avait pas été informée.

Je voudrais m'arrêter un instant sur le fait que, collectivement, nous avons pu faire du vigile un héros ; des deux hommes qui ne sont pas allés chez Pelicot, des presque Justes ; et des cinquante hommes qui s'y sont rendus, des ordures sans nuance. Loin de moi l'idée de renverser ces idées qui portent une part de vérité. Mais rappelons-nous que le vigile fait son métier. Il est garant de la sécurité du supermarché. Il n'en reste pas moins que, par son insistance à sommer les clientes à porter plainte, il a été impeccable. Il a, sans le savoir, enclenché le processus qui mènera à sauver Gisèle Pelicot. Les deux hommes qui ont décliné l'invitation d'aller à Mazan ont, sans aucun doute, plus de perspicacité et de surmoi que la multitude de ceux qui s'y sont rendus. Ils ont identifié la proposition criminelle du viol et l'ont refusée. Mais ils n'ont prévenu aucune autorité. Ils étaient pourtant dans la meilleure position pour dénoncer l'homme qui drogue sa femme pour la faire abuser. Leurs échanges sur Coco.fr n'entraient pas dans un registre délictuel, ils n'avaient rien à se reprocher. Interrogés sur ce point, l'un a expliqué sa gêne à révéler qu'il fréquentait ce genre de sites Internet, il est marié ; l'autre a pensé que Pelicot racontait des fadaises, cela ne pouvait pas être vrai.

Enfin, il nous reste la masse des accusés. Prenons les trente-neuf qui y sont allés une fois. Que leur naïveté soit une stratégie de défense pour certains ou qu'elle soit un exemple réel d'inculture du viol pour d'autres ou un mélange des deux, on ne peut que constater que la victime n'a pas existé pour eux. Dans les évaluations psychologiques conduites sur les accusés, l'experte Annabelle Montagne désigne la conscience d'autrui comme étant l'appréhension de l'autre en *sujet entier et désirant*. Elle note presque systématiquement que, dans le cadre des faits reprochés, cette appréhension fait défaut.

Certains ont dû souffrir d'une forme de culpabilité, de dégoût (je pense à ceux qui ont cessé d'avoir une vie sexuelle). Peut-être que certains ont ressenti l'intuition d'avoir passé un pacte avec le diable et d'avoir gagné une autre rive ? Mais, même au tribunal, le gouffre qui sépare l'apitoiement personnel de la conscience de la douleur de l'autre reste, pour de nombreux hommes, immense.

Un des quatre hommes à être allé six fois à Mazan pour abuser de Gisèle Pelicot, et dont la description des viols filmés est abominable, Jérôme V., a été paradoxalement l'un des plus clairvoyants, dans la salle du tribunal du Vaucluse. Cet ancien pompier volontaire avait, dès sa première audition, reconnu qu'il s'était rendu à Mazan en sachant parfaitement qu'il allait violer une femme droguée par son mari. Il a confirmé qu'il n'avait jamais discuté avec elle et n'avait jamais recueilli son consentement pour avoir des relations sexuelles. Il a indiqué à la juge d'instruction qu'il avait une addiction au sexe incontrôlable, que c'était le seul moyen qu'il avait trouvé pour avoir des rapports sexuels alors qu'il était séparé de sa compagne, et qu'il se trouvait isolé pour cause de confinement (les faits le concernant se sont effectivement tous déroulés à cette période). L'enquêtrice de personnalité a noté que la surconsommation de sexe « témoigne probablement d'une volonté de maîtriser sa vie et de combler sa frustration ». Père de deux enfants, Jérôme V. avait l'impression d'avoir erré professionnellement en enchaînant des petits boulots. Il souffre de « carences affectives » depuis l'enfance, comme il l'a lui-même exprimé, blessé par un éternel manque de valorisation. C'était la première fois qu'il avait des relations sexuelles avec une femme endormie, a-t-il indiqué. Il a affirmé à la juge qu'il avait pleinement conscience de ses actes, et qu'il avait réfléchi aux conséquences morales et judiciaires. Il précisait aussi que le viol ne constituait pas un fantasme pour lui. Quand il a été entendu à la barre, maître Camus, l'un des deux avocats de Gisèle Pelicot, lui a dit : « Vous êtes assez désarmant de sincérité et vous êtes le seul à nous donner des explications. »

Jérôme V. a dit la honte qu'il ressentait à présent et a trouvé les images des viols « insoutenables ». L'incarcération l'aurait obligé à réfléchir à ce qu'il avait fait à sa victime. À la considérer, donc. Propos d'audience visant à adoucir sa peine ? Difficile de se prononcer. Le spectateur (et le juge) en est réduit à constater qu'il avait l'air sincère. Il a été condamné à 13 ans de réclusion et 6 ans de suivi socio-judiciaire.

Je me rappelle un fait divers concernant un homme, qui avait tué son voisin. Patrick C. était ami avec Henri

Rozès, mais tous deux entretenaient une relation qu'on pourrait qualifier de « chien et chat ». Ils se fréquentaient autant qu'ils s'agaçaient, se retrouvant autour d'apéros où il était beaucoup question de leurs maux respectifs, l'un souffrant d'une hémiplégie, l'autre des séquelles lourdes d'un accident de scooter. Sur un coup de sang, en mai 2007, Patrick tue Henri. Pour une broutille. Patrick avait apporté des courses à son acolyte, et ce dernier, au lieu d'être reconnaissant, avait, pour la énième fois, minimisé les douleurs de son copain. De retour chez lui, Patrick avait enfilé des gants de jardinier, mis un masque, saisi le plus grand couteau de sa cuisine et s'en était retourné en planter neuf coups au voisin grincheux. Il n'a pas été confondu, étonnamment. Treize ans plus tard, c'est lui-même qui s'est présenté aux gendarmes pour avouer son crime. C'était devenu insupportable. Plutôt aller en prison que de vivre avec ses cauchemars. On pense à la Thérèse Raquin, de Zola, qui décide, avec son amant Laurent, de supprimer le mari encombrant pour vivre la passion. Le crime accompli, les amoureux se marient et commence alors l'enfer de la culpabilité qui les mène à la folie. Le diable ne prélève-t-il pas toujours son salaire ?

La justice, s'incarne, pour une grande partie, dans le fait de poser des questions, même superflues. La question énoncée amène la personne interrogée à ne plus pouvoir échapper à la mise en mots des faits. Les mots exprimés sont des révélateurs. Comme un papier plongé dans un bain photographique. Je me souviens d'un moment d'audience assez fastidieux à Avignon, où il s'agissait d'interroger Florian R. sur un geste qu'on le voit effectuer sur la vidéo du viol qu'il a commis sur Gisèle Pelicot. Il semble s'essuyer le sexe avec du Sopalin, après une pénétration. Une heure sur ce point (j'exagère à dessein) pour savoir si, oui ou non, il a éjaculé. Tous, nous avons vu ce morceau de Sopalin coupable. Pourquoi s'essuie-t-il si ce n'est pour nettoyer du sperme ? Florian R. a maintenu qu'il n'avait pas éprouvé de plaisir et donc qu'il n'avait pas joui. Les questions posées encore et encore tentaient de lui faire reconnaître l'inverse. À sa décharge, il n'est pas impossible de s'essuyer sans avoir joui. Sur le coup, nous pouvions ressentir une sorte d'« aquabonisme ». *Il l'a pénétrée, sperme ou pas sperme, basta.* L'accusé est resté sur ses positions, nous ne saurons pas avec certitude s'il a éjaculé, et donc par extension « joui de la situation », ou s'il n'a pas réussi à aller jusqu'au bout, ce qui accréditerait l'idée qu'il « n'a pas aimé la situation ».

En baignant dans cette atmosphère si glauque, de longues journées dévolues à des faits de viol, nous pouvions avoir envie de temps en temps que ça s'enchaîne pour en finir. Je me souviens d'un journaliste qui me disait en ces termes exacts et fleuris : « J'ai besoin d'une pause, je n'en peux plus d'entendre parler de bite et de chatte. » Mais la cour avait raison de prendre ce temps d'articuler et de répéter les mots, de les faire vibrer dans le silence de la salle Voltaire. Les mots dits, la réalité qu'ils désignent ne peut plus être oblitérée ni minimisée. Les mots remplissent leur mission performative. En les disant, cela existe enfin et pour toujours. Ce qui est valable aussi pour la défense des accusés. Il était également important que Florian R. puisse faire valoir que ce crime de viol n'était pas un acte qui lui *avait plu.*

15

Est-on dans le mensonge ou dans la vérité ?

Pendant la garde à vue qui suivit l'épisode voyeuriste du Leclerc de Carpentras, Dominique Pelicot affirma qu'il n'avait pas l'habitude de tels agissements, qu'il n'était pas amateur de films pornographiques, même s'il se rendait à l'occasion sur des sites de discussions pour parler de sexe. Il a décrit une vie sexuelle normale avec sa femme. Le mot « normal » est, paradoxalement, l'un des mots que j'ai le plus rencontrés au contact de cette affaire.

Avec le mot « salope ».

Ces premières déclarations ont été recueillies avant que les supports de téléphonie et d'informatique, contenant plus de vingt mille photos et vidéos, ne soient exploités par les enquêteurs. Elles vont évoluer au rythme des nombreuses auditions et au fur et à mesure des découvertes de preuves matérielles l'accablant. Il est difficile d'évaluer la crédibilité des affirmations du principal accusé. Son fils aîné, David lui assénera à la barre : « Je pense que tu ne diras jamais la vérité ! » L'expert psychiatre Paul Bensussan a conclu que la vérité échappait à tous et qu'on ne pouvait compter sur M. Pelicot pour la livrer.

Qu'il ait cherché à dissimuler dans un premier temps, puis à minimiser, avant que les preuves ne lui permettent plus ce genre d'échappatoire, est classique. Par ailleurs, une fois acculé, il a prétendu vouloir se décharger et collaborer pleinement. C'est lui qui va révéler l'existence et l'emplacement d'un disque dur qui n'avait pas été découvert lors de la première perquisition à son domicile. Ce disque dur appelé « KESU », dissimulé sous une imprimante, contenait des photographies et vidéos des viols perpétrés sur Gisèle Pelicot, ainsi que des données relatives aux hommes venus chez lui (leur numéro de téléphone, leur pseudo sur Coco.fr). Il indiquera aussi où trouver dans son garage la planque de sachets de Témesta, d'un flacon de Lorazépam (générique du Témesta) et de trois ordonnances permettant le renouvellement des médicaments, ainsi que des prescriptions de Viagra. Au même endroit, les enquêteurs trouveront des résultats d'analyses de Pelicot pour la syphilis et le VIH, car lui se testait. « Et enfin un string blanc. »

Je m'arrête un instant ici sur l'étonnement suscité à l'idée qu'un généraliste puisse prescrire autant de Témesta et de Viagra à un presque septuagénaire, sans se méfier. Lorsque les enquêteurs lui exposaient que, selon les indications de la CPAM, il lui aurait été prescrit quatre cent cinquante cachets en l'espace d'un an, Dominique Pelicot objectait en avoir lui-même pris pour mieux dormir. L'OMA précise qu'entre octobre 2013 et octobre 2020 les ordonnances de Témesta et de Viagra (tous deux prescrits sous leur forme la plus dosée) qui ont été trouvées permettent de considérer que l'accusé s'est vu délivrer au moins cent quatre-vingt-treize comprimés de Viagra (et jusqu'à sept cent quatre-vingt-douze s'il a renouvelé les prescriptions) et sept cent quatre-vingts comprimés de Témesta (et jusqu'à mille cinq cent vingt s'il a renouvelé les prescriptions). Le médecin a refusé de témoigner, s'abritant derrière le secret médical. Nous n'en saurons pas plus sur cette incroyable faille.

Il est possible d'envisager, jusqu'à un certain point, une parole authentique de la part de Dominique Pelicot. Son avocate a confié que, pour accepter de le défendre, elle avait formulé un pacte de vérité avec son client et qu'il s'était ouvert à elle, dans ce qu'elle considérait être une totale franchise. C'est une disposition sur laquelle Pelicot insistera à de nombreuses reprises lors des audiences : il n'avait plus rien à cacher. Tel un point d'honneur qui pourrait venir, au bout du compte, équilibrer un peu la balance. En tout cas en ce qui concerne les crimes commis sur son épouse.

Les questionnements relatifs à ses agissements sur sa fille Caroline, ses belles-filles Aurore et Céline et ses petits-enfants sont restés un angle mort. Ont été retrouvées dans le disque dur de Dominique Pelicot, parmi les milliers d'images incriminantes, des photos des épouses de ses fils, prises à leur insu, en maillot de bain ou dans l'intimité d'une salle de bain, ainsi que des photomontages dégradants, qu'il aurait fait circuler sur le Web. La question terrifiante de l'inceste hante Caroline aujourd'hui, car deux photos d'elle, exhumées par les services de police, la capturent endormie, à moitié nue, vêtue d'une lingerie qu'elle ne connaît pas, dans une position qu'elle estime ne jamais prendre pour dormir, et avec une lumière qui, d'après elle, aurait empêché son sommeil naturel, car elle souffre de difficultés d'endormissement. Il a été clair, au long de ces mois d'audience, que Caroline s'est sentie être la victime oubliée, voire invisibilisée, de ce procès.

Des épisodes douteux, concernant les petits-enfants de Pelicot, ont été interrogés à la lumière rétrospective des événements. Il aurait proposé d'acheter un jouet à ses petites-filles si elles se déshabillaient, ce qu'elles auraient refusé. Il aurait insisté pour jouer au docteur avec un de ses petits-fils, qui aurait également refusé.

La juge d'instruction, Gwenola Journot, s'est exprimée sur ces *lacunes*, quand elle a été appelée à déposer à la barre du tribunal d'Avignon par l'avocate d'un des accusés. Procédure inhabituelle, comme l'a précisé le président Arata, elle fut citée le 8 novembre 2024. Cette quadragénaire dynamique aux yeux d'un bleu clair a été saisie de l'affaire en novembre 2020. Elle n'a pas fait tribune de la surcharge de travail des magistrats instructeurs, mais elle l'a laissé imaginer en indiquant que ce n'était pas son seul dossier. À l'époque, elle en avait environ quatre-vingt-dix autres sur son bureau. Mais cette affaire tentaculaire et « jamais vue », a-t-elle appuyé, est devenue sa priorité. Considérant son envergure et ses multiples ramifications, elle a souligné que l'instruction, qui a duré presque trois ans, aurait pu, tout aussi bien, s'étendre sur dix ans.

La juge d'instruction a passé deux heures à la barre à expliquer sa méthode. Avec ses collaborateurs, ils se sont trouvés débordés par l'ampleur de la tâche. Quand ils évaluaient les complices de Pelicot à une trentaine, en se fondant sur ses déclarations, ils ont dû faire face à plus de soixante-dix auteurs de faits. Ceux qu'ils parvenaient à identifier ne pouvaient pas tous être interpellés en même temps, faute de moyens. Ils ont décidé d'appréhender les suspects par groupes de dix et d'échelonner les interpellations sur neuf mois, au risque inévitable d'une déperdition de preuves. On imagine assez bien le paquebot ingérable qu'elle a eu à manœuvrer. Ses décisions ont été prises dans l'objectif d'arrêter le maximum d'hommes présents sur les vidéos, mais aussi de pouvoir juger Dominique Pelicot dans un délai « raisonnable ».

Parmi les nombreuses questions soulevées par les avocats de la défense, la juge Journot s'est exprimée quant à la frustration de Caroline. Dominique Pelicot a claqué la porte aux interrogations concernant sa fille. Il a évoqué une « curiosité » ayant présidé à la prise des deux photographies. Il a changé de version en stipulant qu'il ne les avait en fait jamais prises. Ou alors il a affirmé que ce n'était pas elle sur les photos. Il se défend de tout acte d'agression sexuelle ou d'administration de substances la concernant, ainsi que ses belles-filles. Et s'emporte dans des protestations sans appel à ce qui aurait trait à de possibles faits à l'égard de ses petits-enfants. Il a « nié en bloc », alors qu'il collaborait sur le reste. Quand son fils David l'a exhorté à la barre, le 18 novembre, à dire la vérité sur ce qu'il avait fait à Caroline et à son petit-fils, Pelicot a crié : « Rien ! Rien ! Ni sur les enfants ni sur les petits-enfants ! »

Le seul délit pour lequel Pelicot peut être renvoyé, au sujet de sa fille et de ses belles-filles, est celui d'enregistrement d'images à caractère sexuel. Pour la juge d'instruction, il a fallu procéder à des choix.

L'avocate générale Laure Chabaud, jeune procureure expressive et tenace, rappelant dans le propos liminaire à ses réquisitions que le rôle de la justice était de « ne laisser aucune victime sur le bord du chemin », a, elle aussi, évoqué Caroline. Elle a précisé : « On ne minimise pas sa souffrance, mais toutes ne trouvent pas de traduction juridique. » Caroline, au contraire de sa mère, fut absente des débats la majeure partie des quatre mois d'audiences. Ce ne fut pas non plus un mystère, pour les observateurs, qu'une incompréhension s'est installée entre la mère et la fille. Douleur de plus dans leur tragédie. Caroline Darian (de son pseudonyme) a décidé de déposer plainte contre son père en mars 2025.

Ce fut donc le procès des crimes commis à l'encontre de Gisèle Pelicot. À son endroit, son ex-mari a revendiqué une transparence totale. Si l'on décide de n'éclairer que certaines parcelles, est-on, dans ce cas, dans le mensonge ou dans la vérité ?

16

La façade paraît-elle trop parfaite ?

Dans les heures et les premiers jours qui ont suivi la révélation, Gisèle Pelicot a eu le besoin urgent de tout jeter, les bibelots, les souvenirs, les photos. Les traces, sans valeur pour les autres, qui sont le puzzle intime d'un couple, d'une famille. Toute une vie effacée. Cette femme est devenue, par force, une page blanche.

Quand elle rencontre à dix-huit ans son futur mari, Gisèle n'a pas eu une enfance insouciante. Elle a perdu sa mère à neuf ans, d'un cancer des os très douloureux. Elle garde le souvenir que sa mère ne s'est jamais plainte et a cherché à préparer en douceur ses enfants, elle et son frère Michel, à cette absence absolue. Pendant pratiquement les dix années, de 2011 à 2020, où Gisèle Pelicot s'est sentie perdre la tête à cause du Témesta ingéré à son insu, où elle craignait le pire pour sa santé – un problème neurologique, la maladie d'Alzheimer –, elle chérira *in petto* sa chance d'avoir eu cette vie pleine, d'avoir vu grandir ses enfants, elle, dont la mère était morte à l'âge de trente-cinq ans.

Il était absolument inimaginable pour Gisèle qu'elle

puisse être droguée, elle qui s'est toujours méfiée des médicaments, selon sa fille : « Le moins de paracétamol possible... Elle n'a jamais fumé ni été accro à quoi que ce soit. Ses seuls excès ont été sa consommation de chocolat à l'époque où elle travaillait encore. » Fille d'un militaire de carrière, son père l'a envoyée travailler dès l'âge de treize ans à l'usine, après s'être remarié avec une femme peu encline à aimer des enfants qui n'étaient pas les siens. Elle jugera pourtant son enfance favorisée, à l'aune de celle de son mari, Dominique, dont le père était grossier et violent. À la barre, elle a dépeint son beau-père en homme « autoritaire et tyrannique ». Devenu veuf, il s'était mis en concubinage avec une jeune fille, placée chez lui par la DDASS. Une situation qui avait beaucoup choqué l'entourage proche.

Les deux jeunes gens, Gisèle et Dominique, ont l'urgence d'être ensemble, de « faire famille », de combler les vides. Viendront vite leurs trois enfants, David, Caroline et Florian, et ils se montreront, jusqu'à la révélation de la tragédie criminelle, des parents aimants et grands-parents comblés. Dans son livre, Caroline parle de ces années avant l'abîme, de la joie simple et de l'insouciance de ces vacances où la famille se réunissait autour de Maminou et Papou. Elle narre ce paradis perdu : les enfants jouant à la balançoire dans le jardin, abritant l'olivier, le mûrier platane et les lauriers roses, les barbecues sur la terrasse où les soirées se finissaient en « bruyantes parties de *Trivial Pursuit* » ou en concours de danse improvisés, la musique s'invitant sans cesse dans ces retrouvailles familiales. « J'y revois nos discussions, nos fous rires, nos apéros joyeux. » Elle admirait le couple de ses parents, « heureux comme au premier jour ».

La façade paraît-elle trop parfaite ? Bien sûr qu'il y eut des épreuves. Qui est à même de penser qu'il peut en être autrement en cinquante ans de vie commune ? Dominique Pelicot pouvait s'emporter quand quelqu'un n'était pas de son avis, il était sujet à de brusques coups de colère, en patriarche alpha. Il y eut des soucis d'argent récurrents. Caroline revient longuement dans son livre sur l'étendue des problèmes financiers découverts en même temps que les crimes (des dettes, des prêts à la consommation), suggérant que sa mère, au courant de rien, était « sous emprise ». Jugement que l'intéressée réfute absolument.

Il y eut des infidélités. Celles commises par Dominique Pelicot, vite pardonnées. « Il a eu des maîtresses, mais ce qui comptait c'était d'être ensemble. » Du côté de Gisèle, il en existe une seule. « Un coup de canif au contrat » avec un collègue. L'affaire avait créé une « crise existentielle » chez son mari quand elle la lui avait révélée. « Il m'avait mise sur un piédestal. » Il s'était montré erratique et menaçant à son égard, voire violent, comme le soutient Caroline dans son livre, bien que les souvenirs de la mère et de la fille divergent sur ce point.

« Je n'ai eu que deux hommes dans ma vie, a révélé Gisèle à la barre, moi qui ai subi des centaines de viols. »

Lors de la fête célébrant leurs cinquante ans de vie commune, Dominique s'adressa ainsi à sa femme : « Ma plus belle rencontre, et mon tout. » Il l'a qualifiée à maintes reprises, depuis son box de verre, de la même formule saisissante : une « sainte », créant un vertige absolu, en miroir inversé, avec celui revêtu de l'habit du diable.

Gisèle Pelicot l'a répété à la barre, parlant de celui qui l'a toujours accompagnée : « Les vacances, les Noëls, les anniversaires, nous étions dans l'harmonie. » Elle a redit qu'ils s'aimaient et qu'ils avaient surmonté ensemble toutes les épreuves. Son mari était un « homme ordinaire », il était « un homme parfait ». Gisèle Pelicot n'a pas réécrit leur histoire en noir, pour déchiffrer les crimes. C'eût été trop simple.

17

Accrochée au vu et au su de tous

Dans son livre, Caroline raconte que la fratrie s'est rassemblée autour de Gisèle Pelicot dans la maison de Mazan, et qu'ils avaient, ensemble, entrepris le « grand ménage » de ce lieu devenu maudit. Ils ont jeté les affaires de leur père, mis les meubles en vente. Nettoyage par le vide. En s'activant de la sorte, Florian aurait remarqué, par hasard, au dos d'un tableau peint par leur père, exposé sur un chevalet dans le couloir, la mention écrite à la main : « L'emprise, 2018 ». La peinture représentait une femme allongée et nue. Dans le contexte du choc, la famille y aurait lu une ignominie supplémentaire, sorte de clin d'œil aux crimes qui se seraient déroulés dans ce lieu et pendant si longtemps. Interrogé sur cette peinture lors de l'audition, Pelicot évacue toute signification particulière, indiquant seulement qu'il s'agissait d'une référence au peintre Bernard Buffet. Pelicot ne dit que ce qu'il a décidé de dévoiler, et selon les preuves à charge contre lui. L'intention de ce tableau nous échappe.

Ce détail m'a fait penser à une singulière histoire concernant Jack l'Éventreur. L'identité du célèbre tueur en série, à qui l'on attribue au moins cinq assassinats de prostituées dans le quartier de Whitechapel à Londres à la fin du XIXe siècle, reste une énigme. De multiples théories plus ou moins farfelues ont circulé sur l'homme qui pouvait se cacher derrière le criminel, allant jusqu'à suspecter un membre de la famille royale britannique. L'une de ces théories, particulièrement fascinante, fut proposée par l'écrivaine de best-sellers Patricia Cornwell dans un livre paru en France en 2003, *Jack l'Éventreur. Affaire classée – portrait d'un tueur*. Elle affirme que le criminel serait le célèbre peintre anglais Walter Sickert. Virginia Woolf écrivait de lui dans son journal : « Il me semble [...] que c'est tout ce que la peinture doit être. » Moins connu en France qu'en Angleterre, ce peintre, grand ami de Degas, a représenté des paysages urbains (Venise, Paris, Londres ou Dieppe), des scènes de foule, des portraits... mais aussi de nombreux nus de femmes que l'on pourrait croire mortes ou sur le point de mourir ; ces nus peuvent susciter le malaise. Un de ses tableaux représente même l'intérieur sombre de *La Chambre de Jack l'Éventreur*. Un livre passionnant de Johann Naldi, sorti en 2024, *L'Unique Portrait de Jack l'Éventreur*, appuie cette théorie. Ce spécialiste de l'art du XIXe, chasseur de tableaux, aurait acheté une peinture non attribuée de la période, qui représente une scène de rue avec un homme chapeauté, en pardessus, tenant un parapluie. Son opus s'attache à démontrer, à la suite d'une longue enquête, que ce tableau serait en fait l'unique portrait de Walter Sickert dans son costume de Jack l'Éventreur, réalisé par le peintre français Jacques-Émile Blanche, autre grand ami de Sickert.

Je me suis permis cette digression qui nous a éloignés un instant de l'affaire des viols de Mazan, parce que cette énigme de Sickert est la première chose à laquelle j'ai pensé en apprenant le détail du tableau de Dominique Pelicot, sorte de *Lettre volée* d'Edgar Allan Poe. La peinture accrochée, au vu et au su de tous, signerait le crime.

18

« Quel est donc ton tourment ? »

On pourrait dire qu'il y a deux Gisèle. Celle qu'elle était jusqu'à ce que le malheur la déracine, et qui est aujourd'hui un « champ de ruines ». Et celle qui, après avoir été rendue muette par la tragédie, est née du malheur et s'est tournée vers les autres. Elle a réalisé la prouesse de s'être délestée du mal du criminel. Elle ne pouvait pas l'obliger, lui, à l'endosser, car « le mal habite dans l'âme du criminel sans y être senti », pour reprendre encore les mots de Weil. Mais Gisèle Pelicot a réussi à ne plus le porter en elle. « La honte a changé de camp » : son mot d'ordre, devenu emblème de ce procès, magistral cri de réveil sociétal.

En s'en déchargeant, elle l'a tendu à la civilisation. Ce mal nous appartient maintenant, il nous oblige. Par sa tragédie, elle est non seulement devenue un être sans destin, mais également un être sans passé. Le titre *Être sans destin*, que j'emprunte au roman d'Imre Kertész, traduit ce sentiment des rescapés des camps de la mort qui ne sauront jamais quel aurait été leur destin s'ils n'étaient pas devenus déportés puis anciens déportés ;

cette tragédie redessinant pour toujours la carte de leur vie. Seraient-ils devenus grands violonistes, maçons ou fleuristes, comment savoir ? Leur destin est mort avec Auschwitz. J'emploie ici « destin » dans le sens d'« avenir sur lequel on a prise », et non dans son acception de « fatalité », de « puissance qui, selon certaines croyances, fixerait de façon irrévocable le cours des événements », comme en donne la définition proposée par *Le Petit Robert* édité en 2008.

Le malheur infligé à Gisèle Pelicot a tué d'un coup tout son destin, mais aussi tout son passé. Et cette chair abrasée, après presque quatre années de souffrances que l'on peine à imaginer, est née à nouveau. Comment s'est opérée cette bascule ? Nous savons, par la voix de son avocat maître Babonneau, qu'elle n'a accepté de visionner les vidéos de ses viols que quelques mois avant le procès. Quand elle s'est décidée, elle les a toutes regardées. Elle est allée jusqu'au bout de l'horreur. Cette femme, qu'on a forcée à près de soixante-dix ans à redevenir une page blanche en la plongeant dans le malheur, a entrepris de transformer cette page. Lors de sa seconde prise de parole au procès, elle a dit : « Il faut que je me reconstruise. Je suis totalement détruite. J'ai soixante-douze ans, je ne sais pas si ma vie suffira. [...] Je veux dire aux femmes violées : "Mme Pelicot l'a fait, on pourra le faire." Ce que je fais ce n'est pas du courage. J'ai l'air de parler haut et fort. J'exprime ma volonté et ma détermination. » Chez cette femme, cohabitent aujourd'hui deux entités qui sont illustrées par ces propos que je viens de rapporter. Les ruines de celle qu'elle fut ; être à qui l'on a tout volé, sa chair, son amour, son histoire, ses souvenirs, son avenir. Cette Gisèle-là aime sans doute encore son mari. Et elle l'aimera toujours. Comment faire autrement ? Son amour de cinquante ans, à qui elle a lié toute une vie. On trouve dans le témoignage d'une voisine du couple une troublante anecdote que je trouve exemplaire. Cette voisine, après avoir indiqué que les époux Pelicot étaient un « couple normal » qui s'entendait très bien, qui était toujours « gentil et serviable », a déclaré que « après la révélation des faits, au moment de son déménagement, Gisèle Pelicot ne lui avait pas paru tellement choquée ». Elle ajoutait que, quatre jours avant son audition, Gisèle Pelicot lui avait indiqué au téléphone que par amour elle pardonnait à son mari et qu'elle était prête à lui rendre visite en prison. Évidemment, on ne peut évacuer l'état de trouble et de sidération, et de déni possiblement, qui a dû posséder cette femme, après le traumatisme qui lui a été infligé. Mais cette histoire illustre aussi la première entité « Gisèle », qui ne disparaît pas. Elle est allée dès les premières semaines de l'incarcération de son mari non pas le voir mais déposer pour lui des vêtements chauds. Ce que lui reprochera sa fille. À la barre, elle défendra, de façon étonnante, son ancien mari contre le frère de celui-ci : Joël Pelicot. Il avait produit lors de l'audition et au tribunal un témoignage très à charge contre son frère, le décrivant comme égoïste et manipulateur. Remettant en cause différents éléments de sa vie, notamment la vision qu'il avait de leurs parents ou encore le viol qu'il aurait subi enfant. Gisèle s'est levée face à son ancien beau-frère pour asséner les qualités de son mari : « Joël Pelicot a beaucoup menti à la barre. » Elle l'a défendu, car, encore une fois, il fut son « exceptionnel » amour. Dans le livre de sa fille Caroline et ses propos publics, on devine sa colère à l'idée que sa mère puisse encore aimer son père. Cette rage est compréhensible chez cette femme, elle-même meurtrie, mais elle est sans doute vaine en ce qui concerne ce point. Ce n'est même pas un cas de syndrome de Stockholm, Gisèle Pelicot n'est pas tombée amoureuse de son bourreau. C'est l'amour de toute sa vie qui s'est transformé en bourreau. Cet amour brûlé ne cesse pas d'exister, il vit dans ses cendres. C'est tout le vertige de cette affaire de Mazan. Dans cette Gisèle-là existera toujours son couple, même en ruine. Et cela est beau. Elle ne pardonnera pas à Dominique Pelicot, elle ne pardonnera pas à son mari et au père de ses enfants, elle ne pardonnera pas au chef d'orchestre des sévices innombrables, mais elle pardonne à l'amour qu'ils ont vécu d'avoir existé. Et de continuer à *être*.

Avant d'approfondir mon hypothèse de la seconde Gisèle, j'ai besoin de vous proposer, ici, un minime détour. En 1942, la philosophe Simone Weil fomente un projet altruiste, dangereux, voire surréaliste (terme peut-être mal choisi en ce qui la concerne, car la philosophe n'appréciait guère le mouvement d'André Breton). Elle veut créer une unité d'infirmières, dont elle ferait partie, qui puisse être littéralement déposée en première ligne des combats afin de venir en aide aux soldats blessés sur le champ de bataille. On imagine que ce projet suicidaire ne trouva pas beaucoup de soutiens. Elle décida d'aller rencontrer un poète qu'elle admirait et qui se trouvait être héros et grand blessé de la Première Guerre mondiale, Joë Bousquet. Elle voulait lui exposer son idée et demander son aide, car il ferait autorité par son statut d'invalide de guerre décoré. Il accepta de la rencontrer.

Il fallait aller le trouver jusque dans sa chambre à Carcassonne, d'où il ne pouvait bouger, ayant perdu l'usage de toute la partie inférieure de son corps à cause de la balle qu'il avait reçue. À la fin de mars et au début d'avril 1942, Simone Weil passa deux nuits entières à discuter avec le poète qui, insomniaque, recevait à toute heure. Ces deux âmes firent chacune sur l'autre grande impression. Ils parlèrent probablement de guerre, de poésie, de foi (que le poète n'avait pas, quand la philosophe d'origine juive s'était, elle, convertie au catholicisme). Toujours est-il que ces deux êtres singuliers et brillants s'étaient reconnus. Bousquet écrira à son sujet à son ami Jean Ballard : « Elle a l'intelligence qui brûle [...], je vous remercie de me l'avoir amenée. » Après ces deux nuits, ils ne se reverront jamais. Simone Weil mourra un an plus tard en Angleterre, à trente-quatre ans, le 24 août 1943. Dans une lettre datée de 1945, Joë Bousquet, qui vient d'apprendre la mort de la philosophe, écrit à ses amis Hélène et Pierre Honnorat : « Auprès d'elle, on pouvait se délasser de l'existence moderne, reposer ses yeux des perspectives brûlantes où tout ce que nous pensons, nous vivons, malgré nous, se prolonge. C'est qu'elle avait le don de prononcer des mots à signification humaine illimitée. »

Ces deux nuits de discussion donnèrent lieu à une brève correspondance de sept lettres. La cinquième, écrite par la philosophe et envoyée de Marseille le 12 mai 1942, est restée célèbre. Elle y parle notamment des concepts de « malheur » et de « mal » et nous éclaire : « Pour penser le malheur, il faut le porter dans sa chair, enfoncé très avant, comme un clou, et le porter longtemps, afin que la pensée ait le temps de devenir assez forte pour le regarder. » En ce qui concerne le *mal*, Simone Weil écrit : « Un homme peut à tout moment de sa vie se livrer au mal, car on s'y livre dans l'inconscience et sans savoir qu'on introduit en soi une autorité extérieure ; l'âme boit un narcotique avant de lui abandonner sa virginité. Il n'est pas nécessaire d'avoir dit oui au mal pour en être saisi. Mais le bien ne prend l'âme que quand elle a dit oui. »

Sa première lettre envoyée au poète le 13 avril 1942, quelques jours après leur rencontre, a également marqué les mémoires. Simone Weil l'appelle « cher ami », même s'ils se connaissent si peu, et le remercie pour l'attention qu'il a portée à son travail : « L'attention est la forme la plus rare et la plus pure de la générosité. Il est donné à très peu d'esprits de découvrir que les choses et êtres existent », écrit-elle. Je me permettrai de dire ici que cette simple phrase m'a portée pour comprendre que chaque protagoniste de l'affaire tragique des viols de Mazan méritait la même attention. Une certitude les concernant, c'est que tous ces hommes passés dans la chambre de Gisèle Pelicot n'ont pas découvert que cette femme *existait*. « Les mauvaises actions, [...] il serait tout à fait impossible de [les] faire si on savait vraiment que les choses et les êtres existent. »

Dans cette même lettre, elle écrit plus loin ce petit paragraphe si important : « Seul un être prédestiné a la capacité de demander à un autre : “Quel est donc ton tourment ?” Et il ne l'a pas en entrant dans la vie. Il lui faut passer par des années de nuit obscure où il erre dans le malheur, loin de tout ce qu'il aime et avec le sentiment d'être maudit. Mais au bout de tout cela il reçoit la capacité de poser une telle question, et du même coup la pierre de vie est à lui. Et il guérit la souffrance d'autrui. »

Et il y a donc l'autre Gisèle, *Mme Pelicot*, qui est née quand elle s'est extirpée de son malheur qui la tenait captive et a affronté les vidéos des crimes. Qui a décidé que si une part d'elle-même n'était plus, elle serait pour les autres. Bien sûr ces deux entités sont réunies. La femme effroyablement blessée a fait naître celle qui s'est dressée en robe rouge, pour que la honte change de camp et que les criminels soient condamnés. Et Gisèle Pelicot s'est tournée, souveraine, vers la chair des autres et leur a demandé : « Quel est donc ton tourment ? »

19

La bombe paraphilique

Dominique Pelicot est également soupçonné d'autres faits criminels complètement extérieurs à son cercle familial. Autre aspect inouï, et non des moindres, que cette affaire réserve en tiroirs. Nous savons que le juge d'instruction de Nanterre, pôle national dédié au traitement des crimes sériels ou non élucidés, que l'on appelle plus communément le « pôle Cold Cases », a mis en examen Dominique Pelicot pour tentative de viol avec arme en mai 1999 sur E. B. et meurtre précédé d'un viol sur S. N., en décembre 1991. Quand il a reconnu, dans un premier temps, la tentative de viol de 1999 (mais sans arme), après que son ADN a « matché » avec les preuves récoltées, il a toujours nié toute implication dans le viol suivi de meurtre de S. N. Les prélèvements de la scène du crime ont été perdus, et les raisons d'une telle faute n'ont pas fuité dans la presse. Toujours est-il que l'on ne peut plus faire de comparaisons avec l'ADN de Pelicot. Le procès n'a pas encore eu lieu concernant ces faits et Dominique Pelicot est présumé innocent de ces crimes. Au moment où je relis ces lignes, deux nouveaux rebondissements se sont produits dans l'enquête du pôle Cold Cases. D'abord, après avoir été entendu dans le cadre de cette enquête, Pelicot est donc revenu sur ses aveux concernant E. B. Ensuite, une femme s'est fait connaître, car elle aurait reconnu, lors de la médiatisation du procès, le visage de Dominique Pelicot comme étant celui de son agresseur, quand elle était âgée de douze ans, en 1995. Un homme, se prétendant électricien, aurait sonné chez la jeune fille, seule à ce moment-là, pour relever le compteur. Après avoir cherché ledit compteur, il aurait obligé l'enfant à se déshabiller et se préparait à l'endormir à l'éther quand la mère de la jeune fille serait rentrée. Il a pris la fuite. La plainte déposée par la famille n'a jamais permis de retrouver l'agresseur. Dominique Pelicot nie toute implication dans cette affaire.

Cette possible partie immergée de l'iceberg qu'est la vie de Dominique Pelicot peut raisonnablement faire naître des doutes quant à son affirmation que ses désirs sexuels n'ont commencé à prendre un tour déviant qu'à partir de ses cinquante-cinq ans, comme il l'a déclaré lors de ses auditions concernant les crimes commis sur son épouse.

Être confronté aux paroles de Pelicot est une expérience troublante. Le clivage que sa personnalité semble avoir produit rend ses déclarations désarmantes. Loin d'être un accusé muré dans le silence, Pelicot explique, délivre, précise et commente avec calme et précision. Il est prompt à gloser sur les déclarations de ses coaccusés, avec une nette tendance à les accabler au maximum. Le 17 septembre, ses premiers mots au procès ont été : « Je suis un violeur comme tous ceux dans cette salle. » Le ton fut donné. On pouvait deviner une volonté impérieuse, après l'examen des actes de chaque coaccusé, de *rectifier*. Il n'a pas manqué de distribuer les bons et les mauvais points, en censeur méticuleux, avec la volonté apparente de tous les emporter dans sa chute. J'ajouterai tout de même une nuance à ce que je viens de dire. Il est vrai que, parfois, il ne fit que confirmer ce qu'un des accusés avait pu dire. Sans en rajouter. Peut-être était-il lui-même épuisé nerveusement par l'ampleur de ce procès. Mais sa posture générale, symboliquement accentuée par le fait qu'il soit assis sur un fauteuil surélevé dans la salle du tribunal comme s'il était juché sur un trône flottant tristement dans son box de verre, rendait sensibles les différentes métaphores dont ont usé et abusé les protagonistes pour décrire ce dispositif singulier de lui en face des *autres*.

« Le chef d'orchestre et ses musiciens », « le maître et ses disciples », « la bombe paraphilique et les hommes banals manipulés ». Je ne sais qui a utilisé le premier, au procès, cette expression de « bombe paraphilique », mais elle a été reprise volontiers, notamment dans les plaidoiries de défense des coaccusés. Et je dois avouer qu'entre journalistes nous avons pu finir par rire jaune de l'accommodation de cette expression (étrangement désagréable à entendre et prononcer) à toutes les sauces. Qu'est-ce qu'une paraphilie ? Le mot n'apparaît pas dans le dictionnaire que je viens de consulter, *Le Nouveau Petit Larousse* (édition de 1970), ni dans *Le Petit Robert* (édition de 2008) ; c'est sans doute un peu technique. Je m'en remets à Internet. Il n'est pas référencé non plus dans le dictionnaire en ligne de l'Académie française. « Une paraphilie est une pratique sexuelle qui diffère des actes traditionnellement considérés comme normaux, ou le fait d'éprouver une attirance sexuelle considérée comme anormale », renseigne Wikipédia. Terme apparemment créé en 1903, il serait venu apporter une dénomination neutre pour éviter d'utiliser des mots connotés péjorativement, comme « perversion » ou « déviance ». *Le Larousse* en ligne la définit, lui, comme « une déviation sexuelle, par le choix de l'objet du désir ou la déformation de l'acte sexuel ». La pédophilie, la zoophilie sont des paraphilies par exemple, ainsi que le candaulisme, qui consiste à éprouver du plaisir sexuel à partager son ou sa partenaire avec d'autres. Il en est de même pour la somnophilie et la nécrophilie qui sont respectivement le désir d'un rapport sexuel avec une personne inconsciente ou avec une personne morte. On comprend bien la construction étymologique de ces termes : à l'aide du suffixe grec *-philia* signifiant « amour », « amitié », chacun des mots catégorise un type d'*attirance*. Que nous apprend l'origine du terme « paraphilie », inventé pour éviter de porter un jugement négatif sur ces différents troubles ? Le préfixe grec *para-* est mouvant. À l'origine, il désignait ce qui était « contraire à », comme dans « paradoxe » qui se traduit par « contraire à l'opinion commune ». Désormais il peut aussi bien signifier « à côté de », comme dans le mot « paratexte », « à côté du texte », et par glissement signifier « presque ». Une paraphilie serait-elle *à côté* de l'amour ou *presque* de l'amour ?

Il faut dire ici que certains de ces termes posent, à juste titre, problème aujourd'hui, et c'est heureux que le langage soit une perpétuelle source de remise en question et d'ajustement. On ne parle plus de « pédophile » ou de « quelqu'un qui aime les enfants » dans une cour de justice, mais d'un « pédocriminel », personne qui commet un acte criminel contre un enfant. De même, on ne parle plus de « crime passionnel », comme le faisait le criminologue Étienne De Greeff dans un passage de son traité des années 1940 que j'ai cité plus haut – expression qui teintait le crime d'une aura romantique –, mais d'« homicide conjugal », d'« uxoricidc », ct aujourd'hui de « féminicide », sujet de mon dernier roman, *L'Épaisseur d'un cheveu*. C'est à l'occasion des recherches effectuées pour ce livre que j'ai lu un ouvrage de Joëlle Guillais paru en 1986, traitant du crime passionnel au XIXe siècle, dont la lecture m'a marquée. Ainsi que son titre puissant, *La Chair de l'autre*, que je me suis enhardie à emprunter ici, en le transformant. Guillais ouvre son essai par une citation de Paul Veyne, à laquelle je souscris : « L'âme de l'historien est celle d'un lecteur de faits divers. » J'ajouterai : celle d'un écrivain tout autant.

Notre *bombe paraphilique*, Dominique Pelicot, déroute et révulse notre jugement par l'assemblage explosif de ses paraphilies. Une Cocotte-Minute dans laquelle on retrouve à tout le moins candaulisme, somnophilie, voyeurisme, fétichisme, exhibitionnisme (et l'obsession de tout photographier et filmer, qui doit sans doute porter un nom). Son expertise psychiatrique parle également de sadisme, dans une dimension d'humiliation.

Mais le tout avec cette particularité de focaliser ses fantasmes sur sa propre femme. Une « sainte » qu'il aime et côtoie depuis cinquante ans. Nous savons, par l'enquête et les témoignages, qu'il est allé voir ailleurs (des aventures extraconjugales et libertines, le viol de l'épouse de Jean-Pierre M., la proposition à certains hommes invités chez lui de reproduire le schéma sur une femme de leur entourage...). Mais nous pouvons avancer qu'il ressort de ce dossier une vraie fixation sur son épouse.

On aurait pu imaginer un homme clivé qui mène deux vies en parallèle, l'une où il maintient inviolé son foyer, l'autre où il laisse libre cours à ses paraphilies, partout, sauf chez lui. Je pense à nouveau au Grêlé, François Vérove, qui a gardé hermétiquement séparées ses deux vies. Cavalier au sein de la Garde républicaine, marié, père de famille, sans histoire, il a violé, torturé et tué au minimum trois personnes, Irmgard Müller, Gilles Politi et une petite fille, Cécile Bloch ; et au moins violé une autre fillette. Ils ne sont pas si nombreux les grands criminels, parfaitement clivés. Me vient en tête un autre cas de Janus, l'américain Dennis Rader autosurnommé le « BTK Strangler », acronyme de *Bind, Torture, Kill.* Bon père et bon mari, parfaitement inséré, il n'a été appréhendé qu'en 2005 pour dix meurtres commis entre 1974 et 1991, dont ceux de toute une famille, les Otero.

Dominique Pelicot a également violé à de multiples reprises sa femme inconsciente sans être accompagné par d'autres hommes. Chez eux, mais aussi dans la maison de sa fille et sur une aire d'autoroute. Elle est ce qu'il a de plus cher, la femme « sans aucun défaut », la mère de ses enfants, grand-mère de ses petits-enfants. Il a manifesté toute sa vie beaucoup d'attentions amoureuses à son endroit, comme en témoignent leurs proches. La paraphilie, « à côté de l'amour », se déploierait-elle ici au cœur de l'amour ?

Dans la salle du tribunal d'Avignon, nous avons presque assisté à un tête-à-tête entre Gisèle et Dominique Pelicot. Un ultime souper. Elle côté cour, lui côté jardin, en face à face.

Pour reprendre les mots de l'avocate générale Laure Chabaud : « Pourquoi celle qu'il aime le plus au monde ? » Était-ce simplement de la commodité ? Car elle est à sa disposition, sans méfiance et aisément manipulable. Ou est-ce que s'attaquer à ce que l'on aime fait partie intégrante du fantasme ? « À croire que c'est le plus proche notre pire ennemi, notre presque semblable – presque, pas tout à fait – notre cible d'élection », écrit Jean-Bertrand Pontalis dans *Un jour, le crime*.

Mélanger la respectabilité à la souillure, brouiller les deux facettes du clivage, risquer à chaque instant de démolir ce qu'on a patiemment construit toute une vie. Comme on pratique un sport extrême, au risque de mourir à chaque instant.

Il a abusé de sa femme le lendemain de Noël, le soir du Nouvel An, à la Saint-Valentin. Il a photographié à leur insu sa fille et ses belles-filles dénudées lors de vacances familiales, ces moments de joie suspendus où l'on sort le barbecue, les jeux de société, et plonge avec les petits-enfants dans la piscine. Les deux mondes se frottent, s'entrechoquent, se contaminent. Le fils aîné de Pelicot, David, a révélé au tribunal cette conséquence simple et effroyable : « Nous n'avons plus une photo de lui, plus aucun album de famille. »

Vivre déguisé, être toujours le bon mari quand on viole, et toujours un violeur quand on aime, et finir par ne faire plus qu'un avec ses masques. Ne plus discerner le véritable visage et ignorer qui domine entre la *bombe paraphilique* et le *super mec*, et par là ne plus connaître ce qui existe réellement, ce qui est. Est-ce cela qui se rapprocherait le plus de l'idée que l'on se fait du mal ? L'alchimie pure des deux faces.

20

L'avocat du diable

Florian Pelicot, en se tenant à la barre le 18 novembre, a lancé à son père : « Tu as dit que c'était une sainte, mais toi tu étais le diable en personne ! » Et c'est par là que maître Zavarro a commencé son exposé qui ouvrait, le 27 novembre, les plaidoiries de la défense des cinquante et un accusés du procès des viols de Mazan : « Bien malgré moi, je suis devenue l'avocat du diable. » L'avocate a assumé ce lien tissé entre elle et lui, « contre le reste du monde » ; un lien qui « l'a plongée dans une extrême solitude ». Il ne s'agit pas, comme dans nombre de cas de procès d'agressions sexuelles, de discuter les versions, de confronter une parole à une autre, de souligner des doutes. Ici, point de doute. Dans un procès qui a présenté la particularité rarissime de disposer de toutes les preuves incontestables des faits reprochés, comment défendre le diable ?

Le matin même l'avocate générale avait conclu sur les enjeux historiques du procès, en appelant à « une prise de conscience collective sociétale » et en demandant au président de délivrer « un message d'espoir à toutes les victimes de violences sexuelles ». Deux femmes en face l'une de l'autre : l'une qui devait prendre en charge les intérêts de la société, l'autre la quintessence de son désordre. Et au milieu, la troisième, Gisèle Pelicot, à laquelle il fallait rendre « une part de son humanité volée ».

Dans une réflexion qui fait frémir à l'aune de la gravité des faits, l'avocate Zavarro a demandé si l'on ne pouvait pas déceler une forme de « protection » dans les agissements méthodiques de Dominique Pelicot ? Alors qu'il poussait l'exploration de ses inclinations, aurait germé chez lui l'idée d'observer d'autres hommes violer sa femme *sans qu'elle ait à en souffrir*, n'étant ni informée au préalable ni consciente lors des faits. Les consignes données aux hommes, toujours les mêmes, de faire « doucement », de ne pas être brutal. En septembre, lors de sa première prise de parole, Dominique Pelicot avait eu cette phrase : « J'ai tout fait justement pour ne pas qu'elle ait mal. »

En endormant sa femme pour réaliser ces outrages, a avancé son avocate dans un numéro d'équilibriste, Pelicot pourrait chercher à ce qu'elle ne vive pas ce qu'avaient vécu sa propre mère et la femme violée sur le chantier de son enfance. Il laisserait donc libre cours à ses désirs, en la *protégeant*, lui maintenant les yeux *grand fermés*. En écrivant cela, je me remémore, dans un infâme pied de nez, un geste de Pelicot, au cours des abus commis avec Éric* D. et captés en vidéo, où il a « soulevé une paupière » de sa femme endormie « pour lui maintenir un œil ouvert » alors qu'il lui imposait une pénétration buccale.

Souffre-t-on quand on ne sait pas ? L'idée avait le mérite d'exister dans cette plaidoirie de la défense, pleine d'audaces frôlant le précipice. Mais c'était négliger, pour l'exercice, d'abord le corps qui, lui, encaisse réellement les violences – *ceci n'est pas un rêve* –, et dont les signaux d'alerte sont patents dans la vie diurne de Gisèle Pelicot : les douleurs gynécologiques et les trous noirs qui lui font craindre une grave maladie neurologique. C'est négliger aussi l'impact du viol sur la vie inconsciente, au cours de laquelle le cerveau reste en activité, même souterraine. Sa victime était endormie et non morte. Cela, ensuite, omet la douleur abyssale de la découverte des faits. C'est bafouer, enfin, l'idée fondamentale du consentement, et donc de l'altérité.

21

Qu'est-ce que ça signifie « normal » ?

Mon premier jour au procès des viols de Mazan ouvrait sur une semaine dévolue à six des coaccusés. La tentation existe de ne pas les retrancher de la multitude dont on ne questionnerait que le système global. Ce qui serait, à la lettre, injuste, et l'exact opposé de la mission des acteurs judiciaires. Les experts, appelés à la barre, avaient rencontré chacun de ces hommes pour déterrer, depuis leur enfance, les chemins de vie qui les avaient tous menés jusqu'à la même chambre, celle de Gisèle Pelicot. Ce lundi-là, le docteur Amic tint à rappeler qu'il n'avait analysé que dix des accusés sur cinquante et ne cachait pas sa contrariété d'une déformation à ce sujet, qu'il avait pu lire dans les journaux. Il s'agaçait, en creux, que l'on fasse des généralités. Le président Arata en prit acte. Les journalistes dans la salle, clairement visés, le reçurent avec un peu plus de raideur. Les rapports entre les acteurs du procès et la presse durant cette intense cohabitation judiciaire furent sur le mode d'un *Je t'aime, moi non plus*.

L'expert a souligné un point crucial : Comment juger de manière impartiale ces hommes que tout sépare, mais que le crime, pour lequel ils sont jugés, réunit ? Certes il est légitime de forger des rapprochements. Ce que le docteur Amic fera, dans le souci, que nous avons tous appris à l'école, de synthétiser. Plusieurs d'entre eux ont souffert de dyslexie, ont redoublé des classes, n'ont pas obtenu leur diplôme, présentent des signes d'immaturité ou de frustration, ont développé une attraction particulière pour le libertinage. Pour illustrer l'immaturité, le docteur souligna qu'un des accusés s'était enorgueilli de posséder une grosse voiture. Bon. Il précisa qu'à titre personnel il possédait une Twingo.

Mais ce qui me frappait était d'entendre revenir les adjectifs « banal » ou « classique » pour qualifier des environnements familiaux, des situations professionnelles ou même des physiques. Des vies, en somme.

Ce qui est ressorti des expertises est que chacun s'est senti « dupé » par M. Pelicot, voire « entubé ». La question de la crédulité, de l'influençabilité, de la mise sous emprise des hommes a été passée au tamis. Le docteur Amic proposait l'image du « coach » ou du « manager » pour Pelicot et soulignait qu'entre « l'emprise et le libre arbitre, il y avait un chevauchement possible ». Quand un juge assesseur a questionné la méthode du psychiatre quant à son choix de ne pas prendre connaissance du dossier avant d'expertiser les personnalités des accusés, car il se demandait si cela était susceptible de biaiser ses conclusions, il y eut un flottement dans la salle. S'est ensuivie une passe d'armes avec maître Camus, l'un des avocats de Gisèle Pelicot, qui voulut revenir sur les notions d'« emprise » et de « libre arbitre » appliquées aux accusés. Il attaqua l'expert sur ses convictions. Ce dernier lui répondit qu'il n'avait pas de conviction et ne défendait personne. Il conclut avec un agacement palpable que « dénier l'emprise et la duperie, c'était dénier l'ensemble de l'affaire ».

Maître Zavarro reviendra sur cette « théorie du coach » en posant la question suivante : « Les disciples d'un coach ne sont-ils pas consentants ? » Elle a affirmé que l'invitation faite à ces hommes avait été explicite, que Dominique Pelicot n'avait pas cherché à les prendre en défaut, comme en témoignaient certaines discussions. Il s'agissait de *venir chez lui abuser de sa femme endormie.* Dominique Pelicot était devenu le roi du salon privé appelé « À son insu » sur Coco.fr, tant il y était actif ; un des accusés pensait même que c'était lui qui l'avait créé sous le pseudonyme de Marc Dorian. C'est partiellement exact. Les échanges n'ayant été récupérés qu'auprès d'une partie des accusés, on ne peut que conjecturer quant aux autres.

Les coaccusés ont admis, même s'ils ont tous parlé de « peur », de « crainte » ou de « malaise », que Pelicot n'avait jamais été violent, menaçant ou insultant à leur égard. Il ne les avait jamais empêchés de partir de chez lui.

La presque totalité des accusés a invoqué le caractère manipulateur de Dominique Pelicot. Il aurait tout orchestré, semblant s'adapter parfaitement à chacun de ses interlocuteurs. Les deux tiers se considèrent comme des victimes de son emprise. Certes, ces hommes ne vont pas jusqu'à se comparer à Gisèle Pelicot, mais se présentent comme des jouets entre les mains d'un grand ordonnateur, un marionnettiste machiavélique. Eux ? Ils ne seraient que des hommes ordinaires.

Dans l'ordonnance de mise en accusation, on trouve soixante-quinze occurrences de l'adjectif « normal » et de ses dérivés. Les enfants du couple Pelicot ont parlé d'une enfance « normale ». Une amie du couple a décrit le rapport de Dominique Pelicot avec la gent féminine comme « normal ». Une vingtaine des coaccusés ou de leurs compagnes ont employé toujours ce même mot pour qualifier leur vie sexuelle ou leur vie de couple, lors des auditions. Qu'est-ce que ça signifie « normal » ?

Je pense au poème « Au lecteur », dans *Les Fleurs du Mal* de Baudelaire, fameux pour son adresse du dernier vers : « Hypocrite lecteur, mon semblable, mon frère ! » Le poète prévient : « C'est le Diable qui tient les fils qui nous remuent ! » dans « le canevas banal de nos piteux destins ».

Lors des débats, l'accusé Thierry P., adepte du libertinage, n'épargna à la cour aucun détail : « J'ai fait des échanges de couples à deux, voire trois couples, du bondage, avec des cordages et des femmes entravées, des partouzes. [...] Mais ce que je préfère c'est le triolisme et le candaulisme. » Il a précisé qu'il avait eu d'autres expériences libertines où la femme est endormie. Une fois, elle s'était réveillée pendant les rapports sexuels et avait participé. Deux fois, il est reparti « sans voir leur visage » et a reconnu qu'il était difficile de savoir si elles faisaient semblant de dormir. Malgré l'étalage débridé, il a précisé : « Moi je trouve que j'ai une sexualité normale. »

À l'inverse, quand l'experte psychologue considéra le comportement sexuel de Patrice N. (qui lui aussi se qualifie de « normal ») de « récurrent ou addictif », l'avocate générale Chabaud prit la parole pour la confronter. Cet accusé avait eu, d'après ses déclarations, une expérience bisexuelle, un rapport avec une prostituée pour l'anniversaire de ses dix-huit ans et une expérience de triolisme. Si l'on ramenait cela à ses cinquante-deux ans de vie, pouvait-on vraiment parler d'« addiction » ? Pouvait-on vraiment juger ses pratiques « hors norme » ?

Laure Chabaud posa ainsi le problème central qui interfère avec toute tentative d'une définition de la normalité : celui de notre jugement moral.

En revanche, la grande majorité des hommes accusés vont exprimer que lors des faits reprochés ils n'étaient *pas* dans leur état « normal ». Certains étaient alcoolisés : « J'avais bu une bouteille et demie de whisky », a expliqué Florian R. ; d'autres étaient sous stupéfiants : « À l'époque je fumais entre dix et quinze joints par jour », a confessé Grégory S., l'un des plus jeunes hommes invités par Pelicot. Ce n'est pas une circonstance atténuante, elle est même aggravante dans la législation française.

D'autres étaient sobres. Et ceux-là semblaient vouloir dire une autre chose, plus insaisissable. Ils n'étaient pas sous l'empire de l'alcool ou de la drogue, mais ils n'étaient pas *eux-mêmes*, parce que, s'ils avaient été eux-mêmes, ils n'auraient pas violé Gisèle Pelicot, ils n'auraient violé personne, parce que leur état normal n'est pas celui d'un violeur. *La normalité, c'est qu'on ne viole pas, et ils sont normaux*. Boucle sans fin de l'acceptation d'avoir commis un viol, coexistant avec le refus d'être qualifié de violeur.

Une sorte de théorie (de la dernière chance) s'est également installée au cours du procès : les hommes invités à Mazan auraient pu être drogués par leur hôte. Certains accusés, croisant le fer avec Pelicot, ont affirmé qu'ils avaient bu un verre en arrivant dans le pavillon du couple (d'eau, de Coca). Il y aurait eu une substance dans le verre qui aurait altéré leur état. Plusieurs ont soutenu que, entre le moment où ils sont arrivés chez le couple et le moment où ils ont regagné leur voiture, ils n'auraient gardé aucun souvenir. *Black-out*. Cela fut systématiquement réfuté par l'accusé principal. Pelicot n'aurait d'ailleurs jamais offert de verre, à aucun d'entre eux. Et au-delà de sa parole, deux points viennent assez aisément déconstruire cette possibilité. D'abord, cette théorie n'a pas, ou que marginalement, été soulevée lors des premières auditions des accusés, mais au moment du procès. Un certain nombre de ces hommes se sont fréquentés lors de leurs incarcérations provisoires, et l'on constate qu'ils ont discuté entre eux, voire se sont conseillés sur les stratégies de défense. Ce qui est humain. Il n'est pas impossible que cette théorie se soit répandue dans les messes basses d'hommes qui font corps pour se défendre. Il fut reproché à la juge d'instruction, quand elle a été entendue au procès, de ne pas avoir séparé tous ces hommes ; ce à quoi elle a répondu : « Il n'y aurait pas eu assez de maisons d'arrêt en France. »

Mais surtout, les comportements filmés lors des vidéos ne laissent guère place au doute quant à la conscience alerte des protagonistes masculins. Autrement dit, aucun n'apparaît drogué. Cette excuse trouvée comme une dernière planche de salut a ceci d'atrocement ironique qu'elle retourne en miroir ce qui a été infligé à la victime, elle, véritablement sédatée au point de sembler morte. « Tout se passe comme si l'état de l'âme qui par essence convient au criminel avait été séparé du crime et attaché au malheur », pour reprendre les mots de Simone Weil. L'incapacité du criminel à porter la matière de son crime l'amène à se considérer, lui, en premier lieu, comme la victime. Ici, la tentation semble grande de s'affubler du *malheur* de sa victime, même si cela reste à un niveau inconscient.

22

« Et ? »

Une large part de cette foule d'hommes, qui n'ont que la « banalité » à la bouche pour se décrire, a surtout reconnu qu'au contact du corps de Gisèle Pelicot ils ont senti que la situation était *bizarre*. Nous y voilà, surgit alors le point de bascule.

Jaillissent aussi les gouffres intimes de ces vies, car aucune vie n'est *normale*. Grégory S. ne se remet pas de la perte de sa fille à la naissance. Abdelali D. est devenu invalide à 80 % à la suite d'un AVC. Patrick A. a cadenassé toute sa vie son homosexualité dans le placard, se mariant avec une femme, car il se jugeait « anormal » et n'imaginait pas la possibilité de révéler cette part fondamentale de son identité à ses proches. Jean-Luc L. a perdu sa première épouse et soutient un de ses enfants gravement malade. Bruno* M. est devenu toxicomane après un grave accident qui a failli lui coûter la vie. Thierry P. est tombé en dépression après la mort accidentelle de son fils. Ont été égrenés des scolarités interrompues, des divorces, des pertes d'emploi, des décès de proches, des addictions à l'alcool, aux stupéfiants ou au sexe. Et comme nous l'avons déjà évoqué, les trois quarts d'entre eux ont eu une enfance traumatique.

Des témoins de leur vie ont été convoqués à la barre pour apporter des perspectives. Difficile exercice. Mme D., interpellée pour témoigner de son concubinage avec Abdelali D., résume, lapidaire : « Oui, il habitait dans ma maison. Il buvait le matin, le midi, le soir. » « Et ? » tente le président. « Et c'est tout. »

Mais ça ne peut pas être *tout*. Les questions tentent d'assembler les pièces d'un puzzle, sans y parvenir, jamais. Par ailleurs, c'est elle qui l'a conduit en voiture la première fois qu'Abdelali D. a répondu à l'invitation de Pelicot. Garée plus loin, elle l'a attendu une heure. A-t-il dit quelque chose en sortant de la maison ? « Rien. » Que savait-elle exactement de ce rendez-vous ? « Rien. » Pourquoi l'a-t-elle accompagné pour l'attendre dans sa voiture ? Nous nous demandons tous dans la salle si cette femme avait connaissance de ce qui se passait. Nous ne saurons pas. Son témoignage s'arrêtera là.

C'est une majorité de femmes qui se tient à la barre dans ce procès pour soutenir les coaccusés. Ce sont les compagnes, les sœurs, les amies et les mères. D'autres êtres qui ont vu leur vie voler en éclats, comme elles en témoignent. Cette épouse d'un accusé, très affectée, se demandait si le fait qu'elle avait refusé à son mari d'avoir une activité sexuelle à la période des faits avait pu le pousser à chercher ailleurs. Par l'intermédiaire de son conseil, maître Babonneau, Gisèle Pelicot a voulu lui répondre. « Non, madame. Ce n'est pas parce que vous avez refusé que cela a entraîné ce qui s'est passé. Ce n'est pas votre faute. Il n'y a jamais d'obligation. »

Une autre, compagne actuelle de l'un d'entre eux, a même arraché un rire à la salle quand, à la question du président de savoir si elle avait déjà pratiqué le libertinage, elle a répondu : « Ouh là non ! C'est déjà assez difficile à deux. » Ces femmes viennent dire d'un frère ou d'un mari qu'il est un homme bien, gentil, attentionné. Et surtout, ajoutent-elles, il n'est pas un violeur.

« Qu'est-ce que c'est un violeur pour vous, madame ? » a demandé l'un des avocats. « C'est difficile à dire. C'est peut-être quelqu'un qui a conscience de violer ? »

Le jour des délibérés, une salle de retransmission était réservée aux proches des accusés. À l'annonce des peines, certaines criaient, pleuraient. D'autres sortaient de la salle et s'effondraient. Des mères, des épouses et des sœurs.

La sœur de Dominique Pelicot, Ginette, fut la première et l'une des seules à lui écrire en détention. Sa lettre commençait par ses mots : « Dominique, j'ai toujours essayé de te protéger, mais là… »

Le temps manque pour que les identités enfouies de ces hommes, incapables de se voir, de parler d'eux-mêmes et encore moins de s'analyser, émergent des profondeurs. Malgré le soin de la cour criminelle de faire œuvre d'individualisation, l'ampleur de l'affaire rend délicat tout pas de côté fait à l'agenda, qui pourrait pourtant mener à des éclairages.

Cinquante et une personnes à juger, en quinze semaines, soixante-neuf jours d'audience, dans une salle minuscule.

23

Roger Arata

Le président Roger Arata était au bord de la retraite quand lui a été confié le jugement de l'affaire de Mazan qui sera la dernière de sa longue carrière. Il n'est pas rare que l'on choisisse un juge expérimenté pour des affaires complexes ou explosives. Je ne saurais dire si conclure sa vie professionnelle avec pareille montagne est un cadeau ou un fardeau. Une tragédie n'est jamais un cadeau, bien sûr, mais une « grande affaire » marque une vie et la fin d'une carrière.

Il fut croqué maintes fois dans la presse, ce bonhomme élégant à la moustache blanche et à l'accent chantant, portant un nom au parfum basque. Il m'est arrivé plusieurs fois de lui tenir la porte par hasard en regagnant le tribunal, et je sursautais toujours de le voir surgir à ma suite, sans sa robe noir et rouge, descendu de l'estrade, redevenu simple mortel parti se nourrir à la pause méridienne. Comme s'il m'était difficile de constater qu'il existait vraiment en dehors de sa fonction. Il était alors toujours affable.

Ni effacé ni encombrant, il m'a paru trouver une

place d'équilibriste dans ce procès au long cours, après des débuts houleux sur le sujet de conserver ou non le huis clos. Ce qu'on ne sait pas toujours, c'est que notre droit prévoit que les débats d'un procès criminel (sauf quand l'affaire concerne des mineurs) soient publics, « à moins que la publicité ne soit dangereuse pour l'ordre ou les mœurs. Dans ce cas, la cour le déclare par un arrêt rendu en audience publique ». La cour criminelle peut donc décider du huis clos et ce fut le choix arrêté début septembre 2024 par le président Roger Arata. Et il ne s'attendait sans doute pas à ce que Gisèle Pelicot contredise cette décision.

Il dut en être déstabilisé. Entamer le procès d'une affaire si sensible par un bras de fer avec la victime n'est pas un bon début. D'autant que son choix visait la protection de la dignité humaine. Le premier mois du procès fut chaotique. La question du huis clos était censée être réglée, mais Arata, à la suite des premières projections en public des vidéos de viol, changea d'avis et décida que, pour le visionnage des suivantes, il rétablirait ponctuellement le huis clos, en faisant sortir le public et les journalistes. Il fut soutenu en cela par la majorité des avocats de la défense. Tollé. La partie civile a rué dans les brancards et les avocats de Gisèle Pelicot ont déposé un recours pour la levée *totale* du huis clos. Le 29 septembre, le Syndicat national des journalistes s'en est mêlé, appelant à laisser les médias « faire leur travail ».

Roger Arata n'avait pas vu venir, personne n'a vu venir, que ce fait divers, si hors norme soit-il, se métamorphoserait en fait de société. Et sa délicatesse n'était pas ce qu'attendait Gisèle Pelicot. Elle a décidé que la dignité humaine ne se jouerait pas dans la pudeur et le dérobement au regard, mais dans la force de la confrontation, dans son sens étymologique de « front à front », d'où le regard ne s'esquive pas. Cet homme aguerri a dû se transformer, lui aussi, au cours de ce procès qui s'érigea en débat national. Nous avons senti qu'il prenait ses marques autrement, fort de ces ajustements.

Nous pourrions lui reprocher d'avoir été le maître des horloges. Pour tenir l'agenda, il dut souvent accélérer le rythme, au détriment des débats. Les avocats de la défense se sont plaints de la cadence, jusqu'à ce que Arata fasse appel au bâtonnier pour tenter de retrouver une sérénité dans cette salle où colères et frustrations couvaient. Les robes noires estimaient que, si l'on se référait à l'usage consistant à compter deux ou trois jours pour examiner les faits d'un viol, le procès aurait dû être allongé de deux à quatre mois supplémentaires.

Quand l'état de santé de l'accusé principal s'est dégradé aux premières semaines du procès et qu'il dut s'absenter des débats, l'agenda prévu, déjà très serré, fut remis en question. Béatrice Zavarro demanda à Arata comment tenir la suite si Pelicot ne se rétablissait pas. Le président lui fit cette réponse : « Alors, ce serait la catastrophe. »

Lors de la préparation du procès, l'hypothèse avait été envisagée de louer le parc des expositions d'Avignon. Le coût s'évaluait à un million sept cent mille euros. L'idée a été abandonnée. Mais de là à passer dans la minuscule salle Voltaire… Les accusés comparaissant libres s'entassaient sur les mêmes bancs que les avocats, les témoins à comparaître et à touche-touche avec le « coin » réservé aux parties civiles, où se trouvait Gisèle Pelicot. La juridiction se serait vu refuser l'étiquette « grand procès » et les crédits attachés. Elle aurait néanmoins bénéficié de l'étiquette « procès sensible » et le budget aurait alors permis de construire le second box de verre de la salle pour y entasser les dix-huit coaccusés toujours en détention provisoire. Un procès coûte cher et plus il dure, plus il coûte. Les quinze semaines dévolues aux cinquante et un accusés ont nécessité une cadence militaire. À la fin de la deuxième prise de parole de Gisèle Pelicot, le 23 octobre, Dominique Pelicot a demandé à lui répondre. Le président Arata a refusé, car le témoignage d'un expert était prévu en visioconférence à quatorze heures, on ne pouvait pas prendre de retard... On peut le regretter. Il faut pouvoir laisser venir des imprévus dans un procès, mais quand l'examen de six ou sept personnes est calé chaque semaine, il n'y a plus aucune marge possible.

Roger Arata a conservé tout au long une réserve toute britannique, malgré la pression. Un flegme concerné, garant d'une tenue impeccable dans l'étalage de ce catalogue de dépravations. Il avait la douceur de toujours prévenir un témoin qu'il interrogeait : « Je suis obligé de vous poser des questions délicates. » Attentif à ne jamais laisser d'images sordides projetées une seconde de plus que nécessaire. Cherchant parfois ses mots, désemparé par l'usage d'une trop grande crudité, puis les choisissant avec un certain sens de l'euphémisme pour ne pas violenter inutilement.

Mais il pouvait aussi s'agacer. « Vous avez toujours

votre cerveau à disposition ? » a-t-il secoué *ex abrupto* l'un des accusés. À un autre à qui l'on demandait s'il pensait que Gisèle Pelicot serait réveillée, et qui semblait ne pas comprendre, Arata avait cinglé : « Réveillée, c'est-à-dire normale, debout ? » avec la pointe d'exaspération de l'homme, sous la robe du juge, qui aimerait que chacun prenne enfin ses responsabilités.

J'ai aimé ce président, sa grande pudeur était une île où se reposer.

24

« Ne le fais pas »

Pendant que je travaillais à ce livre, j'ai assisté un soir à une discussion littéraire entre trois écrivains, l'autrice rwandaise Beata Umubyeyi Mairesse, la française Chochana Boukhobza et l'auteur hongrois Tamás Gyurkovics. Tous trois figuraient parmi la liste des finalistes du prix Odette-et-Léon-Chertok qui récompense un ouvrage littéraire parlant d'un génocide, prix que Chochana Boukhobza a reçu. Leurs livres traitant de la Shoah et du génocide rwandais, l'énigme du mal n'était jamais loin. Attentive à leurs échanges féconds, je fus saisie par leurs interventions qui entrèrent en résonance avec le sujet qui m'occupait.

Gyurkovics répondait à une question sur l'absence de détails *trop* choquants dans son roman inspiré de la vie de Zvi Spiegel, qui fut pendant sa déportation à Auschwitz chargé par Mengele de veiller sur les trente enfants jumeaux que le docteur utilisait comme cobayes pour ses expériences. Il dit en substance qu'il ne voulait pas faire de la « *porn Shoah* », concept malaisant que l'on peut traduire par : « Ne pas raconter la Shoah de manière obscène, en donnant tous les détails les plus insoutenables ». Éviter un exhibitionnisme de l'horreur. Boukhobza, dans son livre sur les femmes à Auschwitz-Birkenau, délivre une somme presque universitaire tirée de sept années de recherches. Elle s'y essaie à une presque exhaustivité, amenant le lecteur à sonder l'horreur dans ses moindres détails. Ce qui rend son livre essentiel et difficile à lire. Ce débat m'invita à réfléchir sur les enjeux de la position que l'on adopte pour traiter de faits insoutenables. Et quelle était la mienne, de position, vis-à-vis de l'affaire Pelicot ? D'autant plus quand on prétend parler du malheur de quelqu'un d'autre. Ai-je le droit d'écrire ce livre, comme je le fais ? J'y explore des pans de l'affaire avec de nombreux détails brutaux, j'y émets des hypothèses, j'adopte un regard surplombant, je fouille, je scrute des traumatismes qui me sont étrangers, je spécule sur leurs causes et conséquences. Je le fais non pas d'une histoire ancienne à laquelle le temps passé ouvre d'autres perspectives et permissions, mais d'une affaire actuelle, qui vient tout juste d'être jugée et de soulever dans le monde entier des interrogations. Enfin, dans les marges de mon récit, je me permets de parler de moi.

M'est revenue une anecdote que j'ai vécue jeune femme, où mon père me fit une leçon. Je devais avoir vingt ans. J'étais allée deux fois, en l'espace d'un an, visiter le camp d'Auschwitz-Birkenau. Pourquoi deux ? Difficile de m'en souvenir aujourd'hui. Il apparaît qu'une fois ne m'avait pas suffi. Un ami m'avait prêté un appareil photo de qualité et j'en avais beaucoup usé lors de ces visites. J'avais retravaillé ces photos, lumière, contraste, cadrage. J'étais alors tombée par hasard sur un flyer de concours de photographie. Imposait-il un thème, des exigences particulières ? Je ne sais plus. Toujours est-il que germe l'idée d'y envoyer une des photos que j'ai prises là-bas, et je m'en ouvre à mon père spontanément un soir, à la table du dîner. Il me dit, avec sa propension à ne pas ménager les susceptibilités : « Ne le fais pas. » Très étonnée de cette fin de non-recevoir à propos d'une initiative que je trouvais positive, je lui demande de s'expliquer. Il me répondit en substance : « Ce n'est pas une photo que tu vas leur envoyer, c'est Auschwitz. Que peuvent-ils juger de ton art, de ton travail ou de ta création ? Le sujet empêche le regard critique. »

J'ai dû argumenter et m'énerver. Peut-être quitter la table. J'étais vexée et honteuse. Je n'ai rien envoyé à ce concours, je n'ai plus jamais regardé les photos prises là-bas, je ne sais pas d'ailleurs ce qu'elles sont devenues.

Une part de moi se sent être assise à cette table face à mon père, en entreprenant d'écrire un livre sur l'affaire des viols de Mazan. Et comme il est mort aujourd'hui, je ne pourrai pas discuter avec lui de l'honnêteté de ma démarche.

Je ne lui dirai pas qu'il est en effet exercice délicat d'analyser avec rigueur et sans fard toutes les raisons pour lesquelles on entreprend un projet. Elles sont multiples, contradictoires, révélatrices, changeantes, pernicieuses, égoïstes et impérieuses. Et nous avons fâcheuse tendance à privilégier, pour nous-mêmes, celles que l'on pense nobles.

Je ne lui dirai pas que je pense aujourd'hui que l'on

peut tout écrire, que l'on doit tout écrire, tout dépend de la manière. Qu'il est toujours plus aisé de dire ce qu'il ne faut pas faire, que de faire.

Je ne lui dirai pas qu'en ressentant une urgence à questionner le mal, je poursuis le même chemin de livre en livre. Que j'ai le sentiment de préserver cette femme que je ne connais pas, car je m'empare de la matière de l'icône qu'elle est devenue. Que ce qu'elle représente, mondialement, il nous appartient à tous d'en faire quelque chose.

Je ne lui dirai pas que peut-être, oui, je me trompe ! Mais je préfère me tromper que de ne pas écrire ce livre parce que ce livre a commencé à exister, pour moi, depuis bien longtemps, quand je triais les criminels dans des boîtes à chaussures.

Je ne lui dirai pas que peu m'importe son avis, en quittant encore une fois la table, de façon mélodramatique. Parce que son avis m'importe, et me manque.

25
Le visage

« Ça ne vous intéresse pas de voir le visage de quelqu'un avec qui vous allez avoir un rapport sexuel ? » a demandé l'avocate générale à Grégory S. « Normalement oui. Je n'ai pas réfléchi. » Nous sommes le jeudi 24 octobre, trente-septième jour du procès. Que s'est-il passé entre la prise de contact avec Dominique Pelicot sur le site Coco.fr et le moment où chacun d'entre eux est sorti du pavillon du couple après avoir eu des rapports sexuels avec une femme inconsciente ? Une femme avec laquelle aucun de ces hommes n'a eu le moindre échange verbal.

Souvent, ces hommes ne se rappellent plus bien, ni ce qu'ils ont fait, ni ce qu'ils ont vu des expressions de cette femme, ni ce qu'ils auraient entendu des ronflements de la victime. Le scénario est rodé : c'est M. Pelicot qui prenait contact. Jean-Luc L. le dira ainsi : « J'étais sur le site Coco pour regarder des photos de femmes nues et là une lumière jaune apparaît, c'est un message. » Ils ont dû y repenser, chacun de ces hommes durant les mois de détention, à cet appel de la lumière jaune qui a constitué leur point de non-retour. Ensuite les fameuses consignes :

se garer loin de la maison, ne pas faire de bruit, ne pas fumer, ne pas se parfumer, se déshabiller dans la buanderie ou le garage, se réchauffer les mains au radiateur et surtout : « Faire doucement. » Est-ce que toutes ces précautions ne les ont pas alertés ? Mais les accusés se décrivent « crédules », « naïfs ». « Je suis con, je suis un abruti, tout ce que vous voulez ! » insiste Patrice N., qui parle fort pour se faire entendre ; il n'imaginait pas « qu'on puisse faire ça à sa propre femme », alors il n'a pas compris. Mais l'avocate générale persévère : à l'aune des consignes préalables données par Dominique Pelicot, « Vous attendiez-vous à ce qu'elle soit réveillée ? ». Face au silence, elle rappelle cette chose simple : « Dans un plan à trois, il faut un troisième protagoniste, non ? » Elle ajoute, implacable : « Ce n'est pas parce que vous n'avez pas réagi que vous êtes là. C'est parce que vous avez agi. » Et à l'accusé qui s'embourbe dans l'idée que ce qui *lui* est arrivé pourra servir de leçon pour les jeunes, elle rectifie d'un ton martial : « C'est à *Mme Pelicot* que c'est arrivé. »

Beaucoup reviennent à la « peur » diffuse de déplaire à Pelicot. Son visage à lui les regarde. Il ne les a pourtant jamais contraints ni menacés. Quentin H., un jeune homme costaud à l'expression claire, témoigne qu'il s'est senti « pris au piège ». Il sait qu'il n'a pas d'excuse. Décrit un sentiment d'être « plus ou moins coincé » en étant nu dans cette maison qu'il ne connaît pas et dont il ne veut pas contrarier le propriétaire. Il maintient : « J'ai été aussi une victime de M. Pelicot. »

Il allait s'agir de traquer les détails qui pouvaient marquer des différences d'*intention* chez tous ces hommes réunis pour le même crime. « Que mettez-vous dans le mot "intention" ? » a demandé le président à l'un d'entre eux. « Je ne suis pas parti de chez moi pour faire un viol, pour faire du mal à qui que ce soit », a-t-il répondu. (Ce qui relève de la préméditation et non de l'intention.)

À ces instants précis, où la réponse de l'accusé allait entraîner ou non la diffusion du film de son viol, j'avais toujours la boule au ventre. On sentait la salle Voltaire se tendre dans l'imminence d'une nouvelle projection d'images abjectes. Quand l'*intention* n'était pas reconnue, alors l'un des avocats de Gisèle Pelicot prenait le micro pour demander au président que la vidéo soit projetée. Le président Roger Arata invitait les gens sensibles à sortir, car, prévenait-il, les images étaient « particulièrement attentatoires à la dignité humaine ». Puis il donnait l'ordre d'enclencher le film. Quelques personnes sortaient, la salle retenait son souffle. Les accusés baissaient la tête, Dominique Pelicot aussi. Gisèle, elle, la tournait, mais ne la baissait pas. Et nous, nous regardions.

Je me suis demandé à maintes reprises comment ces hommes pouvaient préférer maintenir une ligne de défense qui les condamnait à la projection publique de la captation audiovisuelle du viol qu'ils avaient commis. Leur visionnage était cauchemardesque. Ces images anéantissaient la possibilité du pardon, les subtilités des expertises, annihilaient tout espace de nuances. Je m'énervais *in petto* : Mais pourquoi son avocat ne lui a pas conseillé de reconnaître l'élément intentionnel de cette saloperie pour lui éviter, nous éviter, éviter à Gisèle Pelicot toujours présente dans la salle, assise contre le mur, à gauche quand on entre, la vision de cette misère ?

Sans m'attarder sur ces épisodes scabreux, je voudrais en dire quatre choses. D'abord, ce fut la première fois où j'ai pleuré en salle d'audience, quand je me suis retrouvée confrontée à ces images. Il n'existe aucune distance possible.

Puis je m'aperçois aujourd'hui que j'ai quasiment oublié les images, il ne subsiste que des fragments sur ma rétine, le reste s'est effacé. Comme un processus de refoulement, mon corps les a rejetées.

Ensuite, une chose est nette : J'ai beau entreprendre de *comprendre* les criminels, être soumis à la vision de ces viols fait perdre, un temps, toute capacité de compréhension. Voir le crime brise les défenses. On a envie de dire : « Un point c'est tout. »

Enfin, et je m'excuse pour cet élément pénible, la vision des viols bucco-génitaux infligés à Gisèle Pelicot, à savoir des fellations, imposés par une partie des coaccusés, non seulement renvoie les tableaux de Bosch à des sujets plaisants de broderies de grand-mère, mais balaie toute idée d'inconscience de ces hommes quant à l'inertie de la victime. Quand on maintient un visage pour le profaner, il est difficile de ne pas le voir, de ne trouver la situation que *bizarre*, il est impossible de prétendre que l'on ne savait pas.

Il était assez clair déjà, dans mon esprit, qu'ils seraient tous reconnus coupables. Je ne voyais pas comment il pouvait en être autrement. Alors pourquoi s'infliger la projection des films ? Et j'ai compris, même si je n'en doutais pas au fond, qu'une majorité de ces hommes ne se vivaient vraiment, réellement, absolument pas comme des violeurs. *Incultes du viol.* Rappelons que leur appréciation n'a aucune importance du point de vue pénal, mais peut en avoir pour le quantum de la peine. Ils avaient commis un viol, mais ils ne pouvaient pas se considérer comme des violeurs. Et il était, à leurs yeux, préférable de faire ce choix désastreux, contre-productif et traumatisant, qui obligerait à voir se dérouler sur grand écran, dans une salle silencieuse comme un puits, l'enchaînement de leurs gestes ignobles sur le corps sans défense d'une sexagénaire droguée, que de concéder cela, cette chose qui les sortirait de l'humanité.

Les mêmes questions opiniâtres se sont répétées tout au long de ces journées : Qui a pris contact en premier sur le site Coco.fr ? Qui s'est rendu le jour même au rendez-vous ? Qui avait déjà eu des relations échangistes ? Qui savait que des cachets avaient été administrés à Gisèle Pelicot ? Qui a touché, le premier, le corps de Mme Pelicot ? Combien de temps sont-ils restés sur place ? Quels actes sexuels ont été produits ? Dans quel ordre ? Qui a eu une érection ? Qui a éjaculé ? Qui a filmé ? Qui a accepté d'être filmé ? Et la question la plus troublante pour une poignée d'entre eux : Pourquoi être revenu ?

Il est frappant que, pour éclairer les actes qu'ils ont commis dans « ce truc de fou », comme le qualifiera l'un d'eux, aucun des accusés ne parle de désir sexuel.

C'est presque l'éléphant au milieu de la pièce. Qu'en était-il de ce désir ? J'aurais voulu savoir quel mystère il recouvrait. J'ai pensé, un temps, donner pour titre à ce livre : *Drôle de désir*. Tant cette question fondamentale m'a taraudée. Quel est cet empire qui a, semble-t-il, vaincu la réserve de tous ces hommes face à un corps inerte ? Une vie pour quelques minutes d'allers-retours rudimentaires. Des vies, en l'occurrence. La sienne et celle de l'autre que l'on n'a pas remarquée, parce qu'on n'a pas cherché son visage. Ces hommes, âgés de vingt-deux à soixante-huit ans au moment des faits, ont trouvé capital de se déplacer pour aller soulager leur désir avec une sexagénaire endormie avec laquelle ils n'ont entrepris aucune communication.

L'avocate générale a crevé l'abcès en demandant à Quentin H. si l'on ne pourrait pas ajouter « en toute honnêteté » aux raisons évoquées l'envie d'avoir ce rapport sexuel ? « Oui, concédera-t-il, ça a joué forcément. Mais un rapport plus ou moins normal… » C'est bien là tout le problème.

Aucun ne confesse une paraphilie ou un fantasme lié au viol d'une personne sédatée. La majorité des accusés se décrit, nous l'avons vu, comme étant « classique », avec une sexualité « normale », « respectueux des femmes » ; ils sont ou ont été mariés, ont des enfants. Ils sont allés sur le site Coco.fr « par curiosité », ils n'avaient pas compris, avaient pensé que c'était un « jeu sexuel », un « délire de couple », un « scénario ». La plupart ont souligné, à l'évidence, que s'ils avaient été conscients de commettre un crime, ils n'auraient jamais accepté d'être filmés. Que ces films étaient bien une preuve implacable de leur *non-intentionnalité*.

Il est exact que, à quelques exceptions près, Pelicot informait ses « invités » qu'il filmait les ébats, l'appareil était visible, il ne pouvait être ignoré. Aucun de ces hommes n'a tenté de dissimuler son visage lors des séances. Certains sourient à la caméra, ou lèvent le pouce dans un signe de bon moment partagé, non pas partagé avec la femme inconsciente, mais entre hommes. Est-ce que l'excitation était en partie liée à ce double regard, celui de Pelicot et de la caméra ? N'ayant strictement aucun échange avec la femme réduite à l'état d'ustensile de l'entre-soi masculin, pour une jouissance mécanique.

À la question du visage de Gisèle Pelicot, hormis pour ceux lui ayant fait subir une fellation, les réponses ont peu varié. Ils ne l'ont pas vu, pas regardé. Gisèle Pelicot était couchée sur le côté. Elle était de dos. Ils sont venus par-derrière. Parfois, la couette était rabattue sur elle, dissimulant sa tête. Le visage, ils ne l'ont pas « cherché ». Car ce masque placide de l'endormie, aux yeux fermés, aurait pu constituer une limite, une barrière. « Le visage se refuse à la possession, à mes pouvoirs », écrivait le philosophe Levinas, réfléchissant sur cette altérité vertigineuse qu'il constitue.

Gisèle Pelicot, toujours assise derrière ses deux avocats sur le banc de la partie civile, est présente chaque jour. Son visage, que les coaccusés « n'ont pas vu », « n'ont pas cherché », ne sera plus jamais escamoté.

26

« Je ne suis pas la grande machine à laver »

Peut-on pardonner ce que Dominique Pelicot a fait subir à sa femme ? L'essence du pardon étant de parvenir à accepter l'impardonnable. Encore une fois, comment défendre le diable ? Son avocate s'est évertuée à déployer des pistes, avec la précaution de celle qui se sait avancer sur des terrains extrêmement mouvants. « Il va assumer ses fantasmes. Pourquoi ? C'est l'enjeu de ce procès », a-t-elle dit.

Elle envisage un besoin de Pelicot de « se magnifier », en partageant sa femme. Tous ces autres hommes, les coaccusés, représenteraient une « entité sublimatrice ». Lui qui a été décrit comme « directif » par presque tous. « Je vais te montrer comment faire. » L'excitation qui naît d'être regardé en train de faire toutes ces choses, et d'agir *ensemble.* « Sans le réseau, le dossier Pelicot n'existe pas », a dit l'avocate. Les messages sur Coco.fr, puis sur Skype et par téléphone : des centaines et des centaines de communications. On n'est plus seul dans ses fantasmes, on lève les tabous en brisant la solitude. Puis on s'échange les photos, les vidéos. On se dit tout ce qu'on aimerait faire avec les mots les plus crus, la Toile faisant sauter les filtres de toutes les indécences. On se croit forts et virils. Rien de tel qu'un *boys club* pour sublimer la virilité. Celle qui va bientôt faire défaut à Dominique Pelicot. Selon la formule de Béatrice Zavarro, il faudrait « des complices avant que nos corps vieillissent ». Et l'avocate poussant l'audace à sa limite, par cette incroyable interrogation : « Ce dossier, cette présence, c'est peut-être sa dernière érection. »

Pelicot donnait des consignes, il donnait aussi ses directives. S'érigeant en maître d'école, dont l'élève va quêter l'approbation. Le vocabulaire utilisé par Pelicot est saisissant. Le disque dur renfermant sa collection de vidéos est organisé en fichiers et sous-fichiers. Pour nommer les dossiers contenant d'un côté les vidéos où il se trouve en compagnie de ces hommes, et de l'autre les films des viols qu'il commet sur sa femme sans comparse, il a choisi les dénominations suivantes : « Ses violeurs » et « Nuits seules ».

Pour une femme à laquelle on a ôté toute possibilité de consentement, user du déterminant possessif « ses » est un choix curieux. Est-ce une manière inconsciente de se déresponsabiliser ou une ironie perverse ? Dans le cas du fichier « Nuits seules », on ne peut que s'interroger sur l'idée de solitude mise ainsi en avant pour désigner ces moments d'abus où il n'était *qu'avec sa femme*. Avec sa femme sédatée, il était seul. Elle ne représentait pas une compagnie ni même une existence. Elle cessait d'être. Cela induit que la solitude dans l'acte sexuel ne cesse vraiment, pour Pelicot, qu'au contact des autres hommes. Au sein de ce regard viril, on vit, on jouit, on règne.

Après l'examen des actes de chacun, la parole était donnée à Dominique Pelicot. L'homme, incarnation de ce procès, a une voix très calme, presque détachée, et se permet à l'occasion d'être caustique. Quand la cour lui rappelait les mots de sa fille à son sujet, « mon père est le plus grand prédateur sexuel de ces vingt dernières années », il répondit : « Si je suis un monument, je n'invite personne à le visiter. » Il pointe ce qu'il considère être les mensonges et les lâchetés des accusés. Lorsque ceux-ci ne reconnaissent pas l'intention, il les charge, n'admet pas qu'il ait pu exister des différences entre chacune de ses invitations. Il n'existerait nulle nuance. Il n'aurait offert de verre à personne, leur aurait donné les mêmes consignes, décrit la même situation à tous au préalable et de manière explicite. Il faut rappeler que la parole de Pelicot s'adapte. Les deux hommes dont le nom avait été retrouvé dans son disque dur, et qui ont finalement refusé de venir à Mazan, « les rescapés de l'histoire », illustrent ses revirements. Pelicot les avait d'abord incriminés, en affirmant qu'ils étaient bien venus abuser de sa femme. Mais leurs dossiers ne contenaient pas de vidéos, et il était incapable de reconnaître leurs visages sur un panel de photos. Pelicot a admis par la suite qu'ils s'étaient désistés. Une avocate lui demandera pourquoi les accabler tous ainsi.

« Je ne suis pas la grande machine à laver. Je ne prends pas de plaisir. Ma femme n'est pas une complice, mais une victime. C'est eux qui ont détruit leur famille, pas moi. Qu'ils prennent leur responsabilité. »

27

Quel est le vide que cette quantité cherche à combler ?

Voici une affaire où tous les crimes ont été enregistrés. Ils ont été filmés, classés, datés, archivés, nommés avec méthode. Dominique Pelicot a été qualifié de « collectionneur ». Il aurait érigé sa collection, avec patience et minutie. Avec la médiatisation extrême de cette histoire, nous nous sommes habitués à cette donnée. Mais revenons en arrière un instant pour réfléchir à cette étrangeté. Les enquêteurs n'ont pas eu, comme à leur habitude, à chercher l'auteur d'un crime, avec leurs outils usuels : les témoignages, la téléphonie, les recoupements, les enquêtes de voisinage, les prélèvements, etc. Car ils disposaient de dizaines d'heures de viols fixées sur pellicule.

Films réalisés presque systématiquement dans la même chambre, avec la même victime, et un ballet incessant d'hommes dirigés par un même guide, enjoignant de commettre tel ou tel geste, de le faire dans telle position, et de réessayer quand cela échouait selon ses critères. Il encourageait chaque partenaire à réussir une *performance*. Dominique Pelicot a toujours été acteur et metteur en scène des abus, il ne s'est jamais positionné en retrait, en tant que simple spectateur. Certains visages des complices sont nets, certains angles permettent de saisir un détail crucial, une particularité physique, un tatouage. D'autres hommes sont restés des silhouettes, cachés sous des pseudonymes, et nous pouvons imaginer le désarroi des enquêteurs, en ce qui concerne une quantité non négligeable de films, de posséder la preuve infamante du crime et de devoir renoncer à appréhender son auteur.

Des avocats de la défense sont revenus à plusieurs reprises sur cette image de *collection*. À ce mot, on pense aux innocents passe-temps des passionnés de timbres ou de papillons. Quand la joie du collectionneur est de rassembler le plus de spécimens possible, de les posséder, de pouvoir les regarder à loisir, alignés dans des cadres. Et de comparer ces hommes, tels des échantillons épinglés sur un tableau. Le 3 octobre, dans l'une de ses prises de parole, Dominique Pelicot a eu cette phrase : « Je n'ai pensé qu'à moi et pas à eux. Pas à elle surtout. » La formulation de cette phrase tend à objectiver les hommes, comme il objective son épouse. Il n'y a pas de « nous » ; mais « moi », « eux », et « elle ».

Dans le recensement de tous les fichiers retrouvés sur le disque dur de Dominique Pelicot, sont apparues aussi des photos d'autres femmes nues et une collection de photos de pénis en érection, dont le sien. Collection de morceaux masculins. Il a été débattu, aux audiences, de la volonté de Pelicot d'inviter, outre des hommes hétérosexuels blancs, des hommes d'origine maghrébine, africaine, asiatique, des hommes gays, ainsi que des hommes de tous âges. Des messages échangés à la suite des prises de contact sur Coco.fr spécifient (souvent avec vulgarité) ces particularités, nous obligeant à considérer que l'éventail des hommes invités n'était pas que le fruit du hasard ou des circonstances, mais bien une volonté de l'accusé principal.

Un des hommes coaccusés se déclare gay ; deux autres se désignent bisexuels, l'un d'eux avait un pseudonyme indiquant son goût pour le travestissement (Samantha-trav). Tous trois affirment s'être rendus à Mazan pour avoir une relation homosexuelle avec Dominique Pelicot. Les vidéos confirment, dans leurs cas, que des actes sexuels ont eu lieu sur Gisèle Pelicot inconsciente, mais également entre les deux hommes. Pourtant, pour chacun d'eux, Pelicot a nié le fait que ces hommes venaient sur une invitation homosexuelle. En termes de droit, ces hommes ont à répondre des actes commis sur l'épouse droguée exactement comme tous les autres. Mais ces cas apportent un éclairage sur l'accusé principal. Il est clair que Pelicot ne cherche pas à changer son scénario habituel, il désire voir ces hommes abuser de sa femme. Pour cela, il se prête à des rapports avec eux « pour leur faire plaisir », comme il a pu le déclarer en audition. L'un des coaccusés a relaté que son hôte lui avait dit « qu'ils faisaient un jeu où elle faisait semblant de dormir ». À un autre qui s'étonnait de l'état de Gisèle Pelicot, il répondit : « On est un couple libertin, on a l'habitude de ce genre de choses. » Avec l'accusé Thomas* F., le rapport sexuel entre les deux hommes aurait commencé dans le salon, et Pelicot aurait ensuite demandé à continuer dans la chambre, à côté de son épouse endormie. Dans la description des faits, on peut noter le caractère engageant et directif de Pelicot pour commettre certains agissements sur sa femme, et on peut percevoir que l'intérêt de ces trois hommes se porte plus naturellement vers l'hôte que vers la femme endormie. La « difficulté » supplémentaire que représente le fait de convaincre un homme qui serait présent pour autre chose que son scénario de prédilection interroge sur la volonté et la force de Pelicot. Le fait de tenir un candidat potentiel primerait sur toute autre considération ? On peut aussi supputer, suivant l'idée de la compulsion du collectionneur, qu'il souhaitait accrocher à son tableau un panel le plus large possible, incluant même des hommes qui ne viendraient pas pour sa femme.

Entre le jour où Dominique Pelicot a été entendu par la police à cause de l'épisode voyeuriste du Leclerc et sa convocation au commissariat de Carpentras, le 2 novembre 2020, il s'écoule un peu moins d'un mois. Un autre, s'il avait été à sa place et se sachant être dans le radar des autorités, aurait camouflé les traces des crimes et fait profil bas. Pendant ce laps de temps, non seulement Pelicot conserve toute sa collection archivée sur disque dur, à domicile, mais il va encore inviter trois autres hommes chez lui. Il ne s'est pas arrêté, il a même continué et n'a détruit aucun fichier. L'addiction du collectionneur ? On peut envisager qu'il n'ait pas pressenti que des investigations poussées allaient être menées à son encontre, et que, à l'instar du précédent épisode voyeuriste de 2010, *ça allait passer*, qu'il s'en sortirait comme toujours. Ayant commis tous ces crimes dans une totale impunité depuis si longtemps, un sentiment de surpuissance se serait installé chez lui, l'empêchant de se sentir en danger. Cette perception l'amenant à en vouloir toujours plus, à ne s'interdire de mettre en pratique aucun fantasme, à briser les dernières barrières de raison. Et peut-être même, ce qui est une composante psychologique du sentiment d'impunité, se persuadant que les actes qu'il commet sans rencontrer d'opposition, depuis de si longues années, sont dans son *droit*.

Pelicot a pu évoquer, certes, une sensation de soulagement à la suite de son arrestation. Si l'on y croit, cela aurait pu l'inciter à ne pas chercher à détruire les preuves de ses crimes.

Mais nous pouvons aussi questionner l'impossibilité pour Pelicot de cesser ou de détruire sa collection, et donc d'anéantir son *chef-d'œuvre*. Dans l'opéra *Don Giovanni* de Mozart, « l'Air du catalogue » est devenu célèbre. Le serviteur de Don Juan, Leporello, qui se retrouve souvent à faire le guet quand son maître séduit une femme, explique à l'amante délaissée, Donna Elvira, qu'il faut qu'elle se console, car elle n'est qu'une parmi tant. Il égrène donc le « catalogue » des conquêtes, culminant avec les strophes citant les « *mille e tre* ». « En Italie, six cent quarante, en Allemagne deux cent trente et une, cent en France, et en Turquie, quatre-vingt-onze. Mais en Espagne… déjà mille et trois femmes ! » Le serviteur semble d'ailleurs jouir d'un certain plaisir à entrer dans les détails, comme pour ne rien épargner à la femme bafouée. Je discutais de cette scène avec un ami psychiatre qui devisait sur la jouissance du nombre, et appelait cela « l'érotisation de la quantité ». Je lui fis remarquer que dans le cas inédit de Dominique Pelicot, il y avait bien une érotisation de l'accumulation non des femmes mais des hommes. Une seule femme et des quantités d'hommes. En recréant la chronologie des abus de Pelicot, l'enquête a montré qu'il a pu faire venir jusqu'à trois hommes différents dans la même nuit, les uns après les autres, sans que ces derniers se rencontrent. Il y eut également deux hommes invités en même temps. Quel est le vide que cette quantité cherche à combler ? Plus de quatre-vingts hommes répertoriés, presque dix années d'abus, plus de vingt mille photos et vidéos, l'excès est sans limite. Et dans cette accumulation, nul autre enjeu d'altérité que celui d'une complicité masculine, la femme étant morte symboliquement.

Quelques jours après avoir écrit ce chapitre, dans lequel je fais des conjectures, soudain une hypothèse me crève les yeux. Je relisais l'excellent essai des frères Emmanuel et Mathias Roux, *Le Goût du crime*. À la fin du chapitre IX, « Crimythologies », dans un sous-chapitre bien nommé « Rire avec le diable », les auteurs évoquent une affaire criminelle, celle des paras de Francazal.

En 1989, quatre appelés parachutistes stationnés dans la même base militaire se mettent à commettre ensemble lors de leurs permissions des crimes sauvages. Ils violent, battent et tuent une femme de vingt-trois ans, Isabelle Rabou, deux mois plus tard, ils réitèrent avec deux jeunes filles, âgées de dix-sept ans et de douze ans, Noria Boussedra et Luiza de Azevedo. Quelques jours après, deux de ces hommes tirent en direction de clients maghrébins d'un bar, puis sur des vaches paissant dans les champs, avant d'abattre Marcel Douzet, un garde-chasse de soixante-deux ans. Aucune réelle explication de cette escalade meurtrière ne fut avancée lors de leur procès en 1991. Rien dans leurs parcours de vie ne laissait présager une telle dangerosité. Les auteurs écrivent : « En l'absence de mobile comme de motif, ne restait que l'hypothèse de quatre personnalités fusionnant en une force irrésistible, à la fois cause et conséquence de l'abolition de leur individualité respective, et devenus jouets d'un dessein maléfique. »

D'abord cet effet de « groupe » peut sans doute s'appliquer aux coaccusés de Pelicot. Comme ces quatre parachutistes qui ne seraient probablement jamais passés à l'acte criminel sans la force de leur réunion, un grand nombre des coaccusés de Mazan n'auraient sans doute jamais commis de viol, s'ils ne s'étaient pas retrouvés dans cette configuration précise d'être *invités* par un autre à commettre les faits, d'être à deux. D'où les atermoiements sur l'absence d'*intention*.

J'en viens à la piste expliquant peut-être cette méticuleuse collection d'hommes de Dominique Pelicot. L'effet de groupe lui permettrait, à ses propres yeux, de se diluer dans la masse. Les actes sont banalisés quand ils sont commis à plusieurs. Pourquoi avoir passé tant de temps à accabler ses complices ? Pourquoi refuser absolument la désignation de « chef d'orchestre manipulateur » ? En plus de son goût pour le candaulisme, il est possible que, en créant avec soin ce réseau tentaculaire de complicités, il ait pu abolir en sa conscience sa culpabilité. Créant un paravent lui permettant de ne pas affronter ce qu'il faisait subir à sa propre femme qu'il aimait. Il n'était, finalement, lui aussi, qu'un parmi d'autres. Un simple faiseur qui œuvre entouré de ses pairs. D'où sa volonté excessive de les incriminer autant que lui-même. Ce qui expliquerait aussi qu'il ait gardé trace de tous ces crimes, qu'il ne se soit pas débarrassé des preuves incontestables qu'ils étaient si nombreux, qu'il ait même indiqué aux enquêteurs l'emplacement du fameux disque dur, caché sous l'imprimante et non découvert lors de la première perquisition. Si tout le monde le fait, pourquoi devrait-il se sentir particulièrement coupable ?

28

« Ne jamais admirer la force »

« Quatre personnalités fusionnant en une force irrésistible », écrivent les frères Roux. Je songe à ce club d'hommes qui s'ignore, dans cette affaire de Mazan, où l'union a fait la force. Dans un texte appelé *L'Iliade ou le poème de la force*, Simone Weil élabore que « le vrai sujet, le centre de l'Iliade, c'est la force ».

À l'origine, il s'agissait d'un long article de réflexion à propos du poème épique d'Homère, que Weil comptait soumettre à Jean Paulhan en vue d'une parution dans *La Nouvelle Revue française*. Cela ne se fit pas, Paulhan lui demandait de nombreuses coupes qu'elle refusait. Son texte parut finalement dans *Les Cahiers du Sud* en décembre 1940 et en janvier 1941, dans lesquels le poète Joë Bousquet dut la lire avant de la rencontrer. Elle y montre comment le poème grec, dont le sujet est la lutte des Achéens et des Troyens qui culmine dans le duel d'Achille et d'Hector, illustre que la force brutale, qu'on en use ou qu'on la subisse, annihile toute humanité. C'est la force qui fait de l'homme un meurtrier. « La force qui est maniée par les hommes, la force qui soumet les hommes, la force devant laquelle la chair des hommes se rétracte. » Il y a la force qui tue, et « combien plus variée en ses procédés, combien plus surprenante en ses effets, est l'autre force, celle qui ne tue pas, c'est-à-dire celle qui ne tue pas encore [...], elle change l'homme en pierre. » C'est-à-dire en chose.

Un fait divers est devenu si célèbre qu'il inspira nombre d'écrivains et cinéastes – et Lacan ! –, c'est l'affaire des sœurs Papin. Les deux sœurs, Christine et Léa, étaient employées de maison, dans une famille du Mans, les Lancelin, qui les considérait irréprochables et discrètes. Après sept années de service, un soir de février 1933, un banal échange à propos d'un fer à repasser dysfonctionnel dégénère entre les employées et leurs patronnes, Mme Lancelin et Geneviève, sa fille de vingt et un ans. Le père est absent de la maison. Les bonnes vont massacrer les deux femmes, au marteau et au couteau, allant jusqu'à leur arracher les yeux à mains nues et les jeter dans l'escalier. Le légiste parlera de « bouillie ». Sans développer ici les multiples pistes qui ont été analysées pour éclairer leur déchaînement exceptionnel de violence (lutte des classes, inceste...), je voudrais souligner une déclaration de Christine Papin : « Je ne suis pas folle, je sais ce que j'ai fait. Voilà assez longtemps que l'on est domestiques ; nous avons montré notre force. » Il fallait peut-être qu'elles soient deux, ces femmes ordinaires, pour basculer et que le miracle noir surgisse.

Ces hommes venus à Mazan pour abuser d'une femme inerte ont tous adhéré à une sorte de fusion virile avec Dominique Pelicot. Ces duos dans lesquels la femme a disparu, n'étant plus un sujet mais un simple accessoire, m'évoquent la réflexion de Weil sur *la force*. Cette image que nous avons coutume de valoriser (« Sois fort ! ») devient sous la plume de la philosophe le pire des effrois. C'est l'effet de groupe, la performance, l'entre-soi aveugle, la pure brutalité qui tient l'autre pour un « esclave ». Et Weil conclut ce long et admirable texte par cet avertissement : « Ne jamais admirer la force, ne pas haïr les ennemis et ne pas mépriser les malheureux. »

L'idée de force est ambigüe, car elle nous suggère autant la bravoure que la bestialité. Elle suscite l'admiration et la peur. Une réunion d'énergies qui peut s'avérer délétère mais aussi vitale et salvatrice. Je pense à un autre fait divers hors norme de violences sexuelles, l'histoire de Dino Scala. Un homme unanimement apprécié dans son village du nord de la France, Pont-sur-Sambre, qu'il n'a jamais quitté. Ouvrier mécanicien dans l'usine du coin, fan de football, entraîneur pour les jeunes du club de sa ville, bon père puis bon grand-père. Un type courageux et attachant. Il est arrêté en 2018 et jugé en 2022 pour plus de cinquante crimes de viols et d'agressions sexuelles s'étalant sur trente années, de 1988 à 2018. La journaliste Alice Géraud a mené l'enquête pendant quatre ans, avant de suivre son procès et a rencontré nombre des femmes victimes du violeur en série. Dans son livre *Sambre*, elle écrit : « Au fur et à mesure des jours qui passent, les femmes défilent à la barre et l'enjeu du procès se déplace. Il s'éloigne doucement de Dino Scala. Sans bruit, ses victimes ont renoncé à attendre de lui une explication. Et parfois même un aveu. Les dénégations, les revirements et les silences de l'accusé sont devenus dérisoires face à la force de ces femmes. À ce qu'elles sont en train de soulever ensemble. »

Le procès des viols de la Sambre s'est tenu deux ans seulement avant celui des viols de Mazan, c'est le nom de Dino Scala que l'on a retenu, et non celui de la foule de ses victimes. J'ai le sentiment que « la force de ces femmes », ce qu'elles ont commencé à « soulever ensemble », s'est prolongée dans la force de Gisèle Pelicot.

29

L'image manquante

Lors de la table ronde des trois écrivains à laquelle j'avais assisté un soir pendant l'écriture de ce livre, Chochana Boukhobza a raconté ses années de recherches pour retrouver les destins de plus de neuf mille femmes déportées à Auschwitz. Elle a mentionné, dans son propos, le trouble que les rescapées pouvaient éprouver, lié à « l'image manquante ». Ces femmes qui survivaient dans le camp, qui n'avaient plus de nom, plus de cheveux ni de chair sur les os, étaient transformées en *Stück*, par leurs bourreaux, en « morceaux ». Pour celles qui sont revenues, l'*image* de ce qu'elles étaient là-bas était insaisissable, d'abord pour elles-mêmes, mais aussi pour les autres qui refusaient d'en entendre parler. Elles ne s'étaient pas *vues* dans cet enfer, pas de miroir, pas de photo, pas d'existence reflétée dans le regard de l'autre. L'image de ce qui leur était arrivé était *manquante*. Elle n'existait pas.

L'Image manquante est aussi le titre d'un film du réalisateur cambodgien Rithy Panh, qui a connu, enfant, la déportation avec sa famille dans les camps de torture et de mort des Khmers rouges. Devenu quinquagénaire et ne possédant pas les *images* de ce qu'il avait vécu, il a décidé de recréer ce passé traumatique pour l'affronter en fabriquant des figurines. Il filma ces statuettes en terre cuite pour pouvoir *raconter* et montrer.

En entendant parler de cette idée de l'image manquante, je pris conscience d'une partie de la trajectoire si singulière de Gisèle Pelicot. En la plongeant dans un presque coma pour la violer et la faire violer, son mari lui ôtait non seulement la conscience de ce qui lui était infligé, mais aussi sa propre histoire. Un crime au carré.

Il faut maintenant, à l'aune de cette conscience volée, mesurer ce qu'il s'est produit au moment où elle a regardé toutes les vidéos de ses viols. Des images restituées. L'horreur de ce qu'elle a enduré pour y parvenir, on ne peut l'imaginer. Mais elle l'a fait, comme elle le voulait, et au moment où elle l'avait décidé. Quelques mois plus tard, le procès s'ouvrait et elle exigeait la levée du huis clos pour que tout le monde puisse voir ces images. Dans son livre sur la justice restaurative Antoine Garapon explique que, contrairement « à une tradition millénaire qui a fait se concentrer la justice sur l'auteur du mal », il faut renverser l'hypothèse et aller chercher l'altérité chez la victime. « C'est elle qui bouleverse les catégories, et c'est en accompagnant son calvaire que l'on comprendra un peu plus le mystère insondable du mal. »

Une brillante exposition sur les faits divers a été proposée par le Mac Val, musée d'Art contemporain du Val-de-Marne, entre novembre 2024 et avril 2025.

Elle problématise notre position de *regardant* du crime, comme nous sommes *regardant* de l'art. Quelle est « la part de l'œil » ? La spécificité des magazines dévolus aux faits divers se joue dans l'illustration plus que dans les mots. Une tradition de couvertures sensationnelles qui capturent le regard, flattant nos bas instincts. C'est le coup d'œil du curieux sur le malheur. Mais cette injonction à voir s'est déplacée, dans le procès de Mazan, du voyeurisme au témoignage. Il faut voir pour savoir. Et transmettre.

Gisèle Pelicot a repris le pouvoir dans le procès en nous donnant à voir les images, comme l'a fait Rithy Panh à propos des crimes des Khmers rouges, comme les quelques déportés d'Auschwitz qui parvinrent à prendre des photographies dans les camps, au péril d'être assassinés séance tenante, pour que ces images leur survivent et nous parviennent.

30

« Vous vous rendez compte d'entendre cela ? »

« Monsieur le président, aujourd'hui je voudrais m'adresser à M. Pelicot et je vais l'appeler Dominique. » C'est ainsi que Gisèle Pelicot a commencé à parler à la barre, dans la matinée du mercredi 23 octobre, alors que je me trouvais dans la salle Voltaire du tribunal d'Avignon. Il a semblé nécessaire à cette femme, après quatre ans d'attente et déjà un mois et demi de procès, de redire d'abord la joie qui fut, avant que sa vie « ne bascule dans le néant ».

Elle a parlé à celui qui fut l'homme de sa vie, mais elle ne l'a pas regardé. Elle s'est adressée au président, dans un silence absolu, où tout le monde a retenu sa respiration pour entendre chaque mot de cette femme si menue dans sa robe de soie, aux fleurs noires et discrètes. Elle était déterminée. Elle a dit, sans trembler : « J'ai subi des centaines de viols. Et je n'ai toujours pas compris pourquoi. »

Obligée chaque jour d'écouter les récits des hommes qui l'ont violée, « il faut être solide pour être dans cette cour criminelle », a-t-elle dit, elle a voulu revenir sur certains des témoignages des accusés. L'un des « candidats » (elle ne savait pas comment les qualifier et elle ne retrouvait pas son nom, car « ils sont si nombreux ») a dit qu'il pensait qu'elle était « bourrée » au moment des faits. La faire passer pour une alcoolique alors que, comme pourraient le dire ses proches, « Gigi, quand elle boit un verre ou deux, elle est tout de suite gaie ». Un autre « candidat » qui « a eu l'élégance de dire que s'il avait choisi il en aurait pris une plus belle ». Elle interpelle le président Roger Arata : « Vous vous rendez compte d'entendre cela ?! »

Pourquoi s'attacher aux détails quand les faits reprochés sont hors norme ? Parce qu'ils sont hors norme précisément. D'une certaine manière s'attacher aux détails, c'est tenter cette acrobatie essentielle : se mettre à la place de l'autre. C'est éviter d'être aveuglé par l'énormité des faits pour reconstruire l'histoire personnelle de chaque individu. C'est ce que les hommes, entrés dans la chambre du couple Pelicot pour avoir un rapport avec cette femme « endormie », n'ont pas fait : se mettre à la place de Gisèle Pelicot. Et c'est pourtant ce qu'on lui a demandé, à elle, tout au long de ces heures de procès : se mettre à la place de ces hommes, de comprendre comment ils en sont arrivés là. De connaître leur existence.

La cour est revenue à plusieurs reprises sur la dénomination de « salope de bourgeoise » utilisée par Dominique Pelicot dans le disque dur abritant les films de ses abus pour désigner sa femme. Au-delà des perversions sexuelles, aurait-il cherché à l'humilier pour se venger ? « J'y ai pensé. Est-ce qu'il ne s'est jamais remis de ce coup de canif dans le contrat ? » a-t-elle répondu. Elle a évoqué à nouveau son adultère, commis trente ans plus tôt, qui fut une épreuve douloureuse qu'elle pensait surmontée par son couple.

Les juges assesseurs ont insisté sur ce motif d'humiliation qui pourrait constituer une partie du mobile. Pourquoi la qualifier de « bourgeoise », comme une insulte ? Aurait-il souffert d'un complexe d'infériorité par rapport à sa femme ?

Elle a toujours été apprêtée, impeccable, c'est important pour elle. « J'ai toujours aimé la littérature, la musique classique, surtout l'opéra *Madame Butterfly*... » Mais non, elle ne voit pas comment cela aurait pu instaurer une disharmonie entre son mari et elle. Au contraire.

La justice traque des mobiles, essaie en vain de jeter une lueur pâle sur le mal.

Sur les centaines de vidéos, d'autres termes sont employés par Pelicot pour qualifier sa femme, et ils sont d'une obscénité sans nom. Avec, donc, une prédilection pour l'infamant « salope ». Dominique Pelicot a répondu en audition, à propos de cet usage rébarbatif, que le mot « salope » était pour lui un « compliment ».

Mais que signifie ce mot, si l'on met un instant de côté sa grossièreté ? Ce serait une femme « qui aime ça », qui désire qu'on lui fasse ce qu'on va lui faire, une femme consciente, active, en contrôle. Exactement l'opposé de la situation de soumission chimique qui a été infligée à Gisèle Pelicot. Comme si l'insulte assénée, encore et encore, à la femme pouvait masquer au violeur son propre crime.

31

« Je ne suis qu'un ouvrier »

À l'aune de cette considération autour du terme de « bourgeoise », les ultimes mots de Dominique Pelicot sont singuliers. À la fin d'un procès, la parole est donnée à chaque accusé pour dire ses « derniers mots ». L'usage n'est pas de faire un roman ou de revenir sur chaque débat d'audiences, mais c'est une occasion d'apporter une conclusion avant les délibérés et la tombée des peines. Certains des coaccusés ont demandé ou redemandé pardon à Gisèle Pelicot ; d'autres ont clamé leur innocence ; un s'est enferré dans des théories complotistes, finalement maîtrisé par Roger Arata ; beaucoup se sont tus.

Dominique Pelicot, le 16 décembre 2024, a commencé cette ultime déclaration en qualifiant le courage de son ex-épouse. « Je regrette ce que j'ai fait, la faire souffrir, je lui demande pardon. » Il a tenu à remercier la cour. « Pour de simples raisons, elle m'a permis de rester assis à chaque entrée dans la salle. Elle m'a également aménagé un fauteuil en hauteur, qui est parfois interprété comme de la désinvolture, de l'arrogance, mais ce n'est pas le cas. J'ai une honte intérieure, une carapace que je me suis créée, car sans carapace on meurt. » Il a remercié son avocate, maître Zavarro, qui lui aurait permis « de ne pas lâcher la rampe ».

Il a insisté sur la pression de la *vox populi*, « On a parlé beaucoup de présomption d'innocence, mais la foule à l'extérieur, d'après la rumeur, montre que la présomption d'innocence vous l'avez bafouée. Tous. On est coupables avant le jugement. » Paradoxalement, il a tenu à revenir sur la culpabilité, qu'il considère pleine et entière, de ses coaccusés : « On a dit beaucoup de choses sur moi, on a dit que j'étais manipulateur, mais ils ont tous été chez moi. »

Et enfin, cette conclusion qui m'a interpellée : « Je ne suis qu'un ouvrier et je voulais dire à ma famille que je les aime, vous avez le reste de ma vie entre vos mains. Je vous demande pardon. »

Le schéma d'errances professionnelles et financières de Dominique Pelicot a été souligné : après avoir obtenu un CAP électricité et travaillé en tant qu'électricien salarié, il a repris une formation de droit et a monté des agences d'immobilier, de téléphonie et d'alarme qui n'ont pas fonctionné, jusqu'à ce qu'il se retrouve surendetté. À l'inverse, sa femme a toujours connu une carrière stable et enrichissante. Quand son frère Joël, qui est médecin, a été auditionné, il a déclaré qu'il avait aidé financièrement Dominique Pelicot « pendant trente ans ». Il a indiqué penser qu'il « avait toujours souffert d'un sentiment d'infériorité par rapport à lui ». Dominique Pelicot a tenu à corriger son frère qui se tenait à la barre de la salle d'audience et qui parlait de son échec scolaire : « Joël était peut-être meilleur en maths, mais j'étais meilleur en français. » On sait que sur le site Coco.fr Dominique Pelicot, alias Marc Dorian, pouvait se faire passer pour médecin auprès des hommes qu'il désirait convier chez lui pour violer sa femme. La couverture d'un métier qu'on pourrait qualifier de notable, rassurant, était propice à créer un climat de confiance pour ces hommes. C'était aussi la profession de son frère, celui qui a réussi.

Qu'est-ce que Pelicot veut signifier avec cette revendication finale : « Je ne suis qu'un ouvrier » ? Nous ne pouvons pas ne pas le rapprocher des termes « la salope de bourgeoise » répétés à l'envi. Techniquement, l'accusé principal n'a jamais été ouvrier, il n'a pas travaillé en usine ou sur des chantiers. Il a certes été employé comme électricien salarié, mais il est devenu par la suite son propre patron avec les boîtes qu'il a créées – même s'il était un patron en échec. L'ouvrier est par essence un exécutant, il n'est pas celui qui prend des décisions. Pelicot refuserait définitivement, par ce trait inattendu, le rôle de chef d'orchestre. Nous l'avons dit, il a cherché à accabler les autres accusés tout au long des audiences. Par sa voix et par la voix de son avocate. Il y eut même des passes d'armes entre elle et les autres avocats de la défense, qui reprochaient avec véhémence à cette dernière de sortir de sa fonction et de se substituer à l'avocate générale, à force d'incriminer les autres.

« Ils ont tous été chez moi. » Tous les hommes. En saluant le « courage » de sa femme pour laquelle il chercherait une réparation, c'est bien la réitération de l'effet de groupe qui le dilue, lui et ses actes, dans la quantité.

Fusionné aux autres, son rôle central s'effacerait, il serait moins prépondérant, moins machiavélique.

Quand les accusés racontaient leur visite au domicile des Pelicot, un certain nombre a évoqué l'arrivée dans une maison cossue, dont le propriétaire était un homme charismatique et qui s'exprimait bien. Ils précisaient ces éléments dans l'optique d'expliquer pourquoi ils avaient été impressionnés et n'avaient pas osé partir. Pelicot est revenu sur ces descriptions qu'il estimait erronées et a tenu à souligner qu'il n'habitait pas une grande villa, mais bien un petit pavillon, et que ces hommes exagéraient son importance. On entend cela aussi dans le « Je ne suis qu'un ouvrier ».

Un mot, choisi consciemment ou non, symbole d'une servitude moderne, de celui qui n'est pas décisionnaire de sa propre vie. De celui qui s'est aussi entièrement abandonné au joug criminel de ses désirs.

L'homme qui est apparu comme le dominant par excellence, l'abuseur, le prédateur qui joue des codes d'un système patriarcal archaïque en offrant sa femme comme on se passe un ustensile, se réaffirme dans ces derniers mots être, lui aussi, de la chair des dominés ; lui qui est revenu à de nombreuses reprises sur les abus sexuels qu'il aurait subis enfant.

Certains diraient que c'est une pathétique stratégie de défense, d'autres y verraient un morceau de vérité.

32

« Par vice aussi, non ? »

Jean-Luc L., s'est rendu deux fois à Mazan, il a eu de nombreux échanges par messages avec Dominique Pelicot, avant et après. Pelicot lui aurait suggéré de mettre en place le même stratagème de sédation pour abuser de sa propre épouse. Jean-Luc L. n'a pas opposé de refus ni manifesté un enthousiasme zélé, cette invitation ne s'est jamais concrétisée. Lors de l'examen des faits reprochés à Jean-Luc L., la parole a été donnée à Pelicot pour réagir. L'avocate générale Chabaud lui a alors posé cette question : « Pourquoi envisagiez-vous de faire la même chose à d'autres femmes ? » Pelicot a d'abord répondu : « Par curiosité. » Puis, après un silence, il a ajouté : « Par vice aussi, non ? »

Avec un regard d'évidence. La même évidence que s'il avait répondu : « Parce que j'ai faim » à la question : « Pourquoi mangez-vous ? » Un climax d'honnêteté désarmante. Quel était son ton exactement ? Sans me permettre de certitude, il m'a semblé qu'il n'était pas ironique à ce moment-là. Il ne cherchait pas à choquer. Dans une salle de tribunal où les accusés peuvent se dérober, tenter des explications oiseuses, ne pas parvenir à prononcer les mots incriminants, ce « Par vice, non ? » coupait l'herbe sous le pied de l'accusation. J'ai été soufflée par cette réponse qui semblait définitive. Un point de butée qui arrête tout discours supplémentaire. Cette réponse créait un écho effarant avec les mots de Gisèle Pelicot lors de sa première prise de parole à la barre, le 5 septembre : « J'ai été sacrifiée sur l'autel du vice. » La boucle était bouclée.

C'est un moment fort quand un accusé reconnaît, finalement, le pire. Lors d'une garde à vue, les échanges se tendent à mesure que le suspect persiste dans ses dénégations. Inversement, quand il prend le chemin des aveux, la tension se relâche, on va lui permettre de fumer une clope, de boire un café, on va le rassurer, lui faire sentir qu'il est réintégré dans la communauté. Ce qui peut conduire à des faux aveux, mais ce n'est pas notre sujet.

Cette réponse de Pelicot créait un échange véritable avec l'avocate générale, impression redoublée par le « non ? » rhétorique. « Par vice, non ? » Comme s'il lui demandait en creux, *Qu'en pensez-vous ?* Ils échangent, ils ne sont plus dans la confrontation. Est-ce que cette question est une manière de se déresponsabiliser ? On pense au passage fameux des *Liaisons dangereuses* de Laclos qui réunit le duo machiavélique Valmont et Merteuil, celle-ci lui dictant d'user de l'incessante justification infantile : « Ce n'est pas ma faute », pour rompre avec celle qu'il aime.

Ou est-ce l'éclosion d'une vérité ? *Mon être est*

vicieux, je suis damné. On pourrait y entendre alors une lassitude à ratiociner, à perdre son temps. Donc il admet le pire, en confirmant à l'avocate générale que la messe est dite. Bourreau, fais ton office.

Le vice, d'après *Le Petit Robert* (édition de 2008), est « la disposition habituelle au mal ou la conduite qui en résulte ». Dans les débats, Pelicot avait aussi évoqué avec calme « sa part sombre », qu'il appelait sa « Face B ». Dominique Pelicot, c'est Dr Jekyll qui analyse tranquillement Mr Hyde en buvant une tasse de thé. C'est Dorian Gray qui ferait, en professeur d'esthétique, une analyse de son tableau, celui qui vieillit à sa place et porte sur sa face devenue monstrueuse tous ses vices. On trouve dans le roman *Les Beaux Quartiers* d'Aragon cette assertion devenue célèbre : « Vice : plaisir que l'on n'a pas goûté. » Et cette phrase du poète romancier m'aide à comprendre, je crois, le vertige que j'ai ressenti en entendant Pelicot répondre à l'avocate générale Laure Chabaud : « Par vice aussi, non ? » C'est que cette disposition au mal n'est généralement pas un espace réel. Le vice serait une sorte d'image pour métaphoriser nos dérèglements. Il appartiendrait au territoire du fantasme. Qui peut ainsi revendiquer son vice, comme s'il parlait d'un trait saillant parmi d'autres de son caractère ? Dans le roman de Stevenson, Jekyll cohabite avec Hyde sans se mélanger ; le docteur s'est scindé en deux, car il ne peut assumer sa part machiavélique. Quand Hyde, la face B, tente de prendre le dessus, Jekyll le tue, c'est-à-dire qu'il se suicide. Qui peut exprimer avec un tel aplomb, un tel sang-froid, son appétence au mal ?

Maître Zavarro a rappelé une phrase prononcée par l'un des accusés, Adrien L. : « Mon pire ennemi, c'est moi. » Comment défendre le diable, alors ? En rappelant qu'il n'existe pas. Le mal se logerait en celui coincé en face à face avec lui-même, aveugle à l'autre.

Elle a aussi rapporté des mots que Dominique Pelicot lui a confiés, sous la forme de poèmes écrits en prison. Dans ces textes, il parle de son amour pour sa mère et pour sa femme, usant d'un étrange lyrisme glaçant de celui qui a tout détruit. « Un jour on se reverra, on pourra, je l'espère, parler de tout ça. » Fin novembre, il avait redit à Caroline, depuis sa cage de verre, qu'il ne lui avait rien fait, qu'il offrirait sa vie pour qu'elle le croie. Qu'il aurait aimé discuter avec elle… Sa fille l'avait interrompu en criant : « Je n'irai jamais te voir ! Tu finiras seul comme un chien ! » Il lui répondit : « Caroline, de toute façon, on finit toujours seul. »

Il a écrit dans ses poèmes que ses enfants ne viendront pas se recueillir sur sa tombe, comme lui-même, avant cela, ne s'était pas rendu sur celle de son propre père. Il a ainsi convoqué à nouveau l'enfant maltraité qu'il fut.

L'avocate générale a appelé ce procès à être « une pierre à l'édifice de ce que d'autres après nous vont construire ». Sommant la cour, par son verdict, « d'indiquer que le viol ordinaire n'existe pas, d'indiquer que le viol accidentel ou involontaire n'existe pas ». Elle a terminé par le rappel urgent des enfants dont nous avons la charge : « Vous nous guiderez dans l'éducation de nos fils. Et c'est de l'éducation que s'impulsera le changement. »

Le véritable enjeu pour combattre l'inculture du viol.

33

« Pourquoi elle ? Celle qu'il aime le plus au monde ? »

« Violeurs, on vous voit, Victimes, on vous croit ! » scandait la foule réunie devant le tribunal d'Avignon, le 25 novembre 2024, quand, à l'intérieur du palais de justice, s'ouvrait le premier jour des réquisitions contre les cinquante et un accusés. C'était aussi la journée internationale de lutte contre les violences faites aux femmes. Dans une langue encore plus imagée, c'est le « sécateur » que la vindicte populaire réclamait pour les accusés, voire « la bite au mixeur ». À l'intérieur, la représentation du ministère public n'était pas trop de deux avocats généraux pour revenir sur les faits reprochés à ces hommes, afin de proposer un acquittement ou une condamnation et, le cas échéant, quantifier une peine. Si la salle d'un tribunal peut devenir à l'occasion un lieu de questionnements philosophiques, le rôle du ministère public et des juges est d'appliquer la loi.

« Procès hors norme », a d'abord souligné l'avocat général Jean-François Mayet, quinquagénaire appliqué et discret, passé dans sa carrière de l'avocature à la magistrature. Il a détaillé les chiffres, maintenant bien connus, comme si les mots lui manquaient : cinquante et un accusés, trente et un tomes d'informations judiciaires, plus de vingt mille photos et vidéos d'abus, plus de soixante-dix hommes impliqués dans plus de deux cents faits, plus de cent cinquante accréditations de journalistes du monde entier.

Il a salué la « résilience admirable » de Gisèle Pelicot, construite pendant plus de trente mois d'instruction, et son choix de lever le huis clos. S'adressant à elle, il a eu ces mots : « Madame, vous avez eu raison. »

Il a ensuite convoqué l'autre Gisèle, Gisèle Halimi, qui en 1978 avait, elle aussi, refusé le huis clos à Aix-en-Provence, au nom de ses clientes Anne Tonglet et Araceli Castellano, deux jeunes touristes belges violées par trois hommes dans les calanques de Marseille. Ce faisant, l'avocat général a décidé de commencer son propos par la secousse sociétale : « Changer le rapport entre les hommes et les femmes et le regard sur la culture du viol. » Car tous les protagonistes de ce procès ont été saisis, au fil des semaines, par l'éclosion de ce fait divers en *fait* qui questionne la société. Et bien que tenu de garder son cap, aucun n'a pu ignorer qu'il devenait acteur, qu'il le veuille ou non, d'un moment d'Histoire.

Devant le tribunal, sur les remparts d'Avignon, était accrochée une grande banderole blanche sur laquelle des lettres noires capitales réclamaient « vingt ans pour chacun ». Ce qui était, ni plus ni moins, une forme d'injonction à piétiner le principe fondamental d'individualisation des peines, et donc, *de facto*, à sortir de l'état de droit. Certaines exigeaient le couperet et égrenaient face aux caméras des journalistes les noms de famille des coaccusés. Ces noms qui sont aussi ceux de leurs enfants et de leurs parents. Ce qui n'était pas digne.

D'autres chantaient pour dire la colère, formant une chaîne de solidarité. Et c'était beau.

L'avocate générale Laure Chabaud a d'abord constaté que, forte d'une trentaine de procès pour viols dans sa carrière, elle n'avait jamais vu cela. Elle a débuté par celui qui était la « clef de voûte de tout ce dossier », Dominique Pelicot, et a restitué la chronologie des découvertes impensables. Elle a recommencé le récit, tel un châtiment de Sisyphe, du mode opératoire bien connu après tous ces mois : l'invitation faite par Dominique Pelicot, sous le pseudonyme de Marc Dorian ou de fetiche45, à tous ces hommes, sur le site Coco.fr, de venir abuser de sa femme sédatée ou endormie. Elle est revenue en détail sur l'organisation méticuleuse, les consignes, les enregistrements et archivages compulsifs des vidéos des viols pendant dix ans pour assouvir un fantasme criminel : « Soumettre une femme insoumise. »

Dans un dernier questionnement : « Pourquoi elle ? Celle qu'il aime le plus au monde ? », Laure Chabaud a résumé la sidération de ces mois d'audiences où l'accusé principal n'a eu de cesse de déclarer son amour et son respect pour sa femme. En concluant son propos sur Pelicot par une interrogation et non une réponse, l'avocate générale a, sans le vouloir peut-être, marqué que, même aux derniers jours de ce procès, les questions ne faisaient que commencer et qu'elles nous engageaient, tous.

Elle a ensuite formulé l'enjeu central concernant les coaccusés : « la conscience de l'acte », dont l'absence fut invoquée pour se dédouaner, et la question sous-jacente de l'« emprise » que Pelicot aurait pu exercer sur eux. Pédagogique, elle a expliqué la différence fondamentale entre les termes « préméditation » et « intention ». La première étant le dessein de commettre un acte criminel ; quand l'intention se joue *au moment du passage à l'acte.* Elle a rappelé que l'état de la victime était plus proche du coma que de l'endormissement – « Elle semblait morte », a décrit spontanément l'un des accusés. S'appuyant sur les conclusions d'un des experts psychiatres qui rapprochait les faits de la « nécrophilie », elle a estimé que « l'absence de consentement ne pouvait pas être ignorée par les accusés ». Et s'adressant davantage à la société qu'aux protagonistes, elle a tranché : « On ne peut plus considérer, en 2024, que si elle n'a rien dit, c'est qu'elle était d'accord. »

La clarification de l'avocate générale concernant la différence entre les mots « préméditation » et « intention » n'était pas fortuite. La confusion des deux s'est sentie dans les déclarations des coaccusés. Beaucoup, en reconnaissant les faits de viol mais pas leur intention, ont semblé confondre ces deux termes, car ils ont exprimé cette idée qu'*ils n'étaient pas partis pour violer une personne.* Ce qu'ils décrivent est une absence de préméditation, or l'intention n'intervient qu'au moment du passage à l'acte, pas avant. C'est un problème de sémantique. (À titre de comparaison, on distingue, en ce qui concerne l'homicide, le meurtre, qui est sans préméditation, et l'assassinat, qui est avec préméditation. Il n'existe pas une telle distinction pour le viol en droit français.)

Mais à l'intérieur de ce groupe d'accusés peut se dessiner un autre niveau de débat. Ceux qui auraient en effet intégré la notion d'intention et qui persistent dans l'idée qu'ils ont pensé jusqu'au bout, après être sortis de la maison de Mazan, qu'il s'agissait d'un scénario libertin. Ils estiment que l'élément intentionnel fait défaut. Or, il est nécessaire pour entrer en voie de condamnation. Neuf d'entre eux ont interjeté appel et restent présumés innocents.

Un second groupe a reconnu les faits dans leur totalité, mais ces hommes ont refusé d'être « essentialisés » comme violeurs. Le viol, même assumé, serait la conséquence d'un « piège », le résultat d'une situation qu'ils ne désiraient pas fondamentalement. Ils ont alors tenu à se défendre d'avoir un *ethos* de violeur. Ce qui est intéressant pour le débat philosophique, mais n'est absolument pas un point de droit. Ceux-là n'ont pas plaidé l'acquittement.

Pendant deux jours, les deux avocats généraux ont alterné la parole pour se partager la tâche de requérir contre chacun des accusés et proposer une peine. Et l'on a mesuré leur engagement quand, entre quintes de toux et fatigue, ils ont perdu leur voix par instants. On attend du ministère public qu'il soit sévère, car il représente les intérêts de la société. Les réquisitions furent lourdes en effet et s'échelonnèrent, pour la presque totalité d'entre elles, entre 10 ans et 17 ans de réclusion. On peut dire que les réquisitions ont été à la hauteur de la colère de la rue, elles ont incarné notre désarroi collectif face à la « culture du viol ». Ou à son inculture, donc. Et c'est tant mieux. C'était impératif.

Mais que le président de la cour criminelle Roger Arata et ses juges assesseurs aient composé, en dentellières, des peines qui ne soient ni des symboles ni des exemples était tout aussi nécessaire.

34

Alors qui est coupable ?

Le jeudi 19 décembre 2024, dernier jour du procès de Mazan, j'attends fébrilement que tombent les délibérés. Je ne peux pas être à Avignon. Il est neuf heures trente, je suis collée à la radio tout en suivant sur X les *live-Tweets* des journalistes qui sont sur place, et connectée en perfusion à une boucle de messages, formée au fil des mois, d'une grande partie des journalistes, photographes, dessinateurs qui suivent le procès. Nous avons fini sur ce groupe à plus de deux cent cinquante, avec beaucoup de camarades de la presse étrangère – il y aurait une sacrée exégèse à tirer de nos messages fiévreux, épuisés (parfois comiques) et obsessionnels.

Les délibérés tombent, je compare les peines prononcées avec les réquisitions que j'avais inscrites scrupuleusement dans mes carnets, car j'étais à Avignon au moment où elles avaient été demandées par les avocats généraux. Je suis excédée, car je manque une partie des peines, les médias ne sont pas exhaustifs, puis ma radio coupe, je capte mal, j'essaie de reprendre frénétiquement le compte, ils sont cinquante et un, c'est trop, j'ai du mal à suivre, mais se dessinent petit à petit les deux constats essentiels.

D'abord aucun accusé n'est acquitté : ils sont *tous* condamnés pour viol (sauf un pour agression sexuelle, car d'un point de vue pénal il a commis des attouchements, mais il n'y a pas eu pénétration). C'est une victoire.

Le deuxième point est que, excepté pour Dominique Pelicot – vingt ans requis, condamné à vingt ans, ce qui est le maximum dans la loi française pour viol aggravé –, toutes les peines des coaccusés sont nettement inférieures aux réquisitions. Elles s'étalent de trois à quinze ans de réclusion et se concentrent de six ans à dix ans d'incarcération pour la grande majorité. (Il faut noter que sur les cinquante et un accusés une altération du discernement a été retenue pour l'un d'entre eux.)

Quand je commence à recevoir des messages d'amies qui savent que je suis l'affaire pour me dire qu'elles sont furieuses, car elles ne comprennent pas que les peines soient « si basses », je prends conscience que, moi, je suis heureuse des quanta de ces peines. J'éprouve un soulagement. La décision m'apparaît juste. Et je salue le président Roger Arata et ses juges assesseurs d'avoir effectué un délicat travail d'individualisation. Je comprends et respecte la déception de mes amies, qui est à l'image de celle des enfants de Dominique Pelicot, que j'entends en direct à la radio, et de la foule des gens qui protestent devant le tribunal ce 19 décembre 2024. Mais je suis, à titre personnel, éclairée.

L'affaire de Mazan a eu un tel impact sur la réflexion du viol qu'elle a ouvert un débat sociétal sur l'ajout de la notion de « consentement » dans sa définition. Pour la sérénité des débats, comme dirait un juge dans une salle d'audience, je me permets ici de rappeler les notions de notre Code pénal dont il fut question pour juger ces hommes.

En France, aujourd'hui un viol est « tout acte de pénétration sexuelle, de quelque nature qu'il soit, ou tout acte bucco-génital, commis sur la personne d'autrui ou sur la personne de l'auteur par violence, contrainte, menace ou surprise ». Cette définition de l'article de loi 222-23 va permettre à la cour criminelle de caractériser ou non l'*élément matériel* du viol. Il est puni de quinze ans de réclusion et de vingt ans en cas de circonstances aggravantes.

Une perspective historique des évolutions en la matière révèle qu'en 2021 a été ajoutée la mention de « ou tout acte bucco-génital », qu'en 2018 a été apportée la précision de « ou sur la personne de l'auteur », qu'en 1994 le critère de « menace » a été inséré et surtout que la punition de cinq à dix ans de réclusion criminelle est passée à quinze ans.

La qualification de l'infraction de viol suppose la réunion de *cet élément matériel* et d'un *élément intentionnel*, qui serait la volonté de commettre l'acte avec la conscience de l'imposer à une victime qui n'y consent pas. Rappelons d'emblée que la majeure partie des débats de l'affaire de Mazan a mis à l'épreuve ce fameux élément d'intentionnalité. Car si tous les accusés ont reconnu l'élément matériel du viol, les trois quarts ont donc refusé d'admettre l'intention.

Pour une pleine appréciation du jugement, il faut rappeler que si le crime est caractérisé, les juges s'attachent alors, pour fixer la peine, à l'évaluation de trois aspects précis : la circonstance de l'infraction, la personnalité de l'accusé et sa situation matérielle, familiale et sociale. C'est ce qu'on appelle l'« individualisation de la peine ». Il n'existe pas un quantum *automatique* pour un viol, un meurtre ou un assassinat, mais un seuil maximal défini par la loi.

Je ne suis pas juriste, mais ce que je comprends du débat actuel pour changer la loi, c'est qu'il s'agirait d'inscrire le critère de « consentement » au sein de l'élément matériel, et non de le laisser à l'appréciation de l'élément intentionnel. Quand je suis évidemment favorable à la présence de tous les « outils » supplémentaires pour faciliter la condamnation des crimes, il me semble que cet ajout ne serait malheureusement pas de nature à éradiquer d'un coup tous les blocages rencontrés pour entrer en voie de condamnation. Prenons l'exemple de notre affaire. L'élément matériel n'a posé aucun problème, car, grâce aux preuves accablantes des vidéos, les accusés ont tous reconnu les viols, qui ont relevé, dans la motivation des juges, des procédés de « surprise » et de « contrainte » (chimique). Les quatre mois de débats qui ont porté sur l'intention auraient été identiques, quand bien même la notion de « consentement » aurait été inscrite au Code pénal. C'est tout à fait intéressant de changer la loi et cela mérite d'être analysé et défendu, mais il faut prendre conscience de la réalité de la complexité d'un jugement pour ne pas penser que cet ajout serait une sorte de baguette magique.

Les trois quarts des coaccusés ne *conçoivent* donc pas le viol qu'ils ont commis. Ils n'étaient que quatorze à reconnaître les faits le 2 septembre 2024. La grande majorité a maintenu, fermement et tout le temps du procès, cette sorte de paradoxe : admettre le viol, mais pas son *intention*. Autrement dit, et selon leurs termes, ils ont reconnu un « viol involontaire ». Un « viol par procuration ». Un « viol à contrecœur ».

L'avocate pénaliste Anne Bouillon a dressé une intéressante typologie des différents types de viol dans un article du *Monde* daté du 25 octobre 2024 : le *viol de prédation* qui « renvoie au stéréotype habituel du violeur déviant » ; le *viol de réappropriation*, « perpétré par un proche en général au moment où la victime est en train de s'échapper », que l'on peut rapprocher de la situation des homicides conjugaux ; et enfin le *viol d'opportunité*, qui pourrait être la catégorie la plus significative dans l'affaire de Mazan. Sans qu'il y ait eu préméditation, une occasion se présente que la personne va saisir ; l'avocate donne l'exemple d'une fille alcoolisée dans une soirée et dont on va profiter. Mais les coaccusés de notre dossier n'ont jamais utilisé ce terme de « viol d'opportunité » précisément car ils réfutent l'*intention*. Ils ont, par la voix de leur avocat, plaidé l'acquittement. Alors, qui est coupable ?

Tout procès est un théâtre. Pas un divertissement, certes, ni un spectacle. Mais il emprunte au théâtre les outils de la mise en scène pour créer des effets à visée pédagogique et moralisatrice. Effets d'effroi, d'empathie, de mise en abyme pour interroger les passions et nous édifier. Il possède ses codes, ses costumes, ses morceaux d'éloquence. Et il a un public : la société, omniprésente.

À Avignon, l'extérieur et l'intérieur du palais de justice ont incarné deux camps se regardant en chiens de faïence. De plus, la ville, si célèbre pour son festival de théâtre, a vu se jouer hors les murs du tribunal toutes les représentations de cette affaire. Aux suspensions d'audience, les protagonistes se croisaient dans les mêmes cafés, restaurants et boulangeries : les accusés comparaissant libres (trente-deux d'entre eux), les parties civiles (autrement dit les victimes, avec leurs avocats), les quarante-quatre avocats de la défense, le président et ses juges assesseurs, le personnel judiciaire, les journalistes, photographes, cameramen, dessinateurs de presse, et le public venu pour assister au procès, former cortège à Gisèle Pelicot, l'applaudir matin et soir et lui offrir des bouquets. Les ruelles de la vieille ville ont vu fleurir sur leurs murs des collages féministes, renouvelés nuitamment et régulièrement pendant quatre mois. Toute la vieille cité des Papes portait le procès dans sa chair.

L'avalanche des commentaires, des comptes rendus médiatiques, des articles, des tribunes, des happenings chantés et dansés par des groupes féministes jusqu'aux fumigènes violets ; tout un tumulte, parfois salvateur, parfois brutal, est venu se cogner à une cour criminelle studieuse, occupée à disséquer avec sang-froid des crimes odieux, soucieuse de traiter avec respect des victimes broyées par la tragédie. Jusqu'au jour des délibérés où la tension des deux pôles a frôlé l'incident, quand un avocat de la défense a cherché stupidement la confrontation avec la foule amassée devant le tribunal, traitant les femmes de « tricoteuses ». Qui n'est pas ici une référence aux avorteuses, mais aux femmes qui, pendant la Révolution, assistaient toute la journée aux décapitations tout en tricotant près des guillotines. La coexistence de ces deux univers a créé une tension électrique.

Requérir vingt ans pour chacun, comme le réclamaient les banderoles de la foule, en n'ayant ni écouté ni entendu la voix de ces hommes dans la salle du tribunal, revenait à désirer une peine automatique pour des silhouettes. Admettons, pour l'exercice, cette hypothèse : que la cour ait prononcé une peine automatique maximale pour tous, sans individualisation. Est-ce que la *vox populi* aurait été satisfaite ? Y aurait-il eu une allégresse au spectacle de la guillotine pour quelques-uns, donnant l'illusion qu'un ordre profond serait rétabli ? Est-ce que cela n'aurait pas été l'équivalent symbolique de les charger de toute l'« inculture du viol », comme des boucs émissaires ? Les faire expier au maximum nous aurait-il permis de penser que nous purgions les dérèglements collectifs à la racine ?

Nous sommes tous spectateurs (et si nombreux sont les acteurs) de l'inférence toxique dans nos constructions mentales d'une idée de sexualité masculine hétérosexuelle qui s'épanouirait dans la performance, la reconnaissance virile et la conquête, et dans laquelle la femme peut être réduite à l'état d'accessoire. Nous ne découvrons pas avec l'affaire de Mazan ce constat dramatique. Cette injonction viriliste n'est pas innée, elle n'est pas naturelle, elle est acquise, c'est-à-dire culturelle. La tâche des juges de la cour criminelle du tribunal d'Avignon n'était pas de lutter contre ce fléau, même s'ils en ont bien conscience et le déplorent. Il leur revenait de juger des faits selon la loi.

35

Le mal n'a aucune poésie

Dans cette salle Voltaire du tribunal d'Avignon, l'énigme qui s'est imposée est bien celle du mal. Quand on se désengage de la fange saumâtre des considérations techniques : de SMS envoyés, de consignes données, de photos échangées, d'absence de préservatifs, du nombre de milligrammes de Témesta et de Viagra, du sexe en érection ou non, de l'usage de Sopalin, de la couette soulevée ou rabaissée, de l'omniprésence du mot « salope », des mains qui se réchauffent au radiateur et du déshabillage silencieux dans les couloirs, des trois cent soixante-dix pages de descriptions cliniques de viols, comme un mode d'emploi écrit dans une autre langue ; quand on lève la tête de ce tunnel sans lumière de détails, s'invite alors la question métaphysique du mal. Ce mal que nous avons déjà questionné avec Simone Weil. Et il ne ressemble ni aux tableaux de Jheronimus Bosch, ni aux fêtes du film *Eyes Wide Shut* de Kubrick. Le mal n'a aucune poésie.

Ce mystère ne pouvait éviter un compagnonnage avec la philosophe Hannah Arendt. Son concept de « la banalité du mal » s'est glissé dans nombre d'articles, commentaires et discussions sur l'affaire de Mazan, ainsi que dans les plaidoiries de défense. Je me souviens d'avoir relevé à plusieurs reprises, dans mes lectures d'articles, l'expression « la banalité du mâle », de journalistes tentant la pirouette.

Il semblerait que l'utilisation de ce concept dans le cas de Mazan pourrait se faire par deux glissements. Le premier interviendrait dans la dualité suivante : quand Dominique Pelicot incarnerait le mal, les autres accusés, eux, refléteraient la banalité. Une banalité qui, au contact du mal, le commettrait à son tour.

Le deuxième biais serait que le clivage du principal accusé illustrerait à lui seul le concept de la philosophe par ses « deux facettes » : l'une incarnant le bonhomme ordinaire, et l'autre la bombe paraphilique.

Permettons-nous un instant de faire un détour par le contexte exact du livre qui a proposé le concept en question, *Eichmann à Jérusalem*, paru aux États-Unis en 1963 et qui a suscité de violentes polémiques. Hannah Arendt ne serait pas allée de gaîté de cœur suivre le procès d'Adolf Eichmann qui s'ouvrait en Israël en 1961, elle s'y serait sentie tenue par une sorte d'obligation personnelle. Elle n'avait pas pu assister au procès de Nuremberg. C'était sans doute sa dernière occasion de se confronter à un criminel nazi, elle, d'origine juive allemande, ayant trouvé refuge aux États-Unis en 1941.

Elle s'y rend alors pour le compte du magazine *The New Yorker* à qui elle avait proposé de faire un reportage.

En décembre 1960, elle écrit à son ami Karl Jaspers : « Je compte en tout cas ne pas consacrer plus d'un mois à cette plaisanterie. » Le terme choque, il est provocateur, mais il dit l'absence d'enthousiasme à honorer ce qu'elle estime être, néanmoins, un rendez-vous impérieux. Elle restera environ trois semaines sur les quatre mois que durera le procès, et rédigera cinq articles pour le magazine. Deux ans passent avant qu'elle ne décide d'en écrire un livre qui n'est pas un témoignage mais plutôt, comme l'indique son sous-titre, un *Rapport sur la banalité du mal.* Sous-titre qui aurait été décidé par son éditeur.

Je ne m'étendrai pas sur l'ensemble des polémiques bien connues qui ont fait titrer *Le Nouvel Obs*, à la sortie du livre en France en 1966, « Hannah Arendt est-elle nazie ? » : on lui reproche sa méconnaissance des faits historiques regardant la Shoah, sa froideur voire sa désinvolture face à l'innommable, son jugement faussé et impie d'une prétendue complicité des *Judenräte* (les conseils juifs) avec leurs bourreaux.

Ce qui m'intéresse ici, ce sont les malentendus sur le fameux concept devenu formule archétypale, presque un prêt-à-penser, bien longtemps après que les polémiques se sont éteintes. La philosophe, dans le fond, interroge la banalité du Mal (avec un M majuscule) et non pas la banalité de celui qui fait le mal. Mais comme son livre s'est attaché à faire le portrait et l'analyse d'Adolf Eichmann – logisticien en chef de la déportation des Juifs d'Europe vers les camps de concentration et d'extermination, qu'elle a dépeint en petit chef de gare « fade » et « ordinaire » –, s'est opérée la confusion entre l'idée philosophique du mal et l'homme qui le commet.

Eichmann avait lui-même adopté à son procès cette ligne de défense : un naïf, presque idiot, qui se pensait n'être qu'un simple rouage d'une machine dont il ne connaissait pas nettement la finalité, un bon fonctionnaire qui n'avait fait qu'obéir aux ordres. Impossible de ne pas y entendre un écho des coaccusés de Mazan revendiquer une emprise de Dominique Pelicot, chef d'orchestre auquel ils n'ont fait qu'obéir, sans comprendre.

Mais revenons au concept de « la banalité du mal », qui a créé une double confusion.

La première confusion provient d'une erreur d'appréciation de la philosophe elle-même. Nous savons aujourd'hui qu'Eichmann était un nazi fanatique, très impliqué, mais surtout un homme doté d'une grande intelligence. Un psychiatre ajouterait : « doublé d'une grande perversion ». Il n'était pas ce bonhomme falot, presque décevant au regard des crimes hors norme qui lui étaient imputés. Eichmann s'est aussi joué d'elle. Arendt a perdu de vue qu'il s'agissait d'une enceinte de tribunal, lieu par excellence où un accusé se défend. Il faut précisément mettre au compte de l'intelligence d'Eichmann sa capacité à s'être fait passer quatre mois durant pour un type benêt, simple rouage, quand tous les documents et témoignages le concernant attestaient le contraire. Pour la défense d'Arendt, l'historiographie sur la Shoah était balbutiante dans les années 1960.

Quand, dans son essai, elle écrivait sur le criminel :

« Ce qu'il faut remarquer ici, c'est que le langage administratif était devenu le seul qu'il connût parce qu'il était réellement incapable de prononcer une seule phrase qui ne fût pas un cliché », elle est prise dans son idée que l'on ne peut attacher le mal qu'à la bêtise, elle croit qu'Eichmann est incapable de *penser*.

Or nous avons pléthore d'exemples prouvant le contraire. Pour ne citer qu'un autre criminel nazi, Albert Speer, qui était pourvu d'une intelligence remarquable. Et pour ne citer qu'un extraordinaire écrivain : Louis-Ferdinand Céline, également immense antisémite. Pour ce dernier, un extrait des carnets de guerre de l'écrivain allemand Ernst Jünger règle à mon avis toute envie de tortiller quant à la question de l'antisémitisme de Céline (appelé « Merline » dans les cahiers) et illustre notre propos. Jünger, alors officier de la Wehrmacht en poste à Paris, le rencontre le 7 décembre 1941 à l'Institut allemand, rue Saint-Dominique, et écrit le soir même à son sujet : « [Céline] dit combien il est surpris, stupéfait, que nous, soldats, nous ne fusillions pas, ne pendions pas, n'exterminions pas les Juifs [...]. La joie de ces gens-là [comme Céline], aujourd'hui, ne tient pas au fait qu'ils ont une idée. Des idées, ils en avaient déjà beaucoup ; ce qu'ils désirent ardemment, c'est occuper des bastions d'où pouvoir ouvrir le feu sur de grandes masses d'hommes, et répandre la terreur. Qu'ils y parviennent et ils suspendent tout travail cérébral, qu'elles qu'aient été leurs théories au cours de leur ascension. » Le mal ne s'épanouirait pas nécessairement dans le terreau d'une bêtise, mais sa pulsion suspendrait « tout travail cérébral ».

Hannah Arendt ne reviendra pas sur l'opinion qu'elle s'était faite sur Eichmann. Dans un entretien avec l'historien Joachim Fest, en 1964, dans lequel il l'interroge sur les polémiques suscitées par son livre, et notamment sur le fait que le criminel n'était pas un idiot ordinaire, elle persiste en créant un paradoxe : « Eichmann était tout à fait intelligent, mais il avait cette bêtise en partage. C'est cette bêtise qui était si révoltante ! Et c'est précisément ce que j'ai voulu dire par le terme de banalité. Il n'y a là aucune profondeur, rien de démoniaque ! Il s'agit simplement du refus de se représenter ce qu'il en est véritablement de l'autre, comprenez-vous ? »

La deuxième confusion que le concept peut engendrer est que le mal ne serait au fond *que* la résultante des mauvaises actions d'hommes banals. Mais ce n'est pas ce qu'a voulu dire Arendt. Hannah Arendt s'affronte par lettres avec son ami Gershom Scholem en juillet 1963 qui n'a pas du tout apprécié son livre et s'attriste qu'elle soit passée de la pensée brillante de son essai *Les Origines du totalitarisme* (publié en 1951), où elle cernait le « mal radical », à ce *rapport* qu'il estime plein d'erreurs de jugement. Elle revient alors sur cet amalgame et le clarifie. « J'estime effectivement aujourd'hui que seul le mal est toujours extrême, mais jamais radical, qu'il n'a pas de profondeur et pas de caractère démoniaque. S'il peut ravager le monde entier, c'est précisément parce que, tel un champignon, il se propage à sa surface. Ce qui est profond en revanche, et radical, c'est le bien – et lui seul. » Elle indique bien que l'enjeu de *banalité* s'applique au mal lui-même.

Nous pouvons remarquer que dans sa lettre à Scholem, elle a utilisé les mêmes termes pour décrire le mal que ceux dont elle use dans son entretien avec Joachim Fest pour décrire la bêtise d'Eichmann. Le mal et la stupidité des hommes sont analysés par leur absence de profondeur et leur absence de caractère démoniaque. Ils sont donc tous deux banals. On perçoit alors que les deux niveaux peuvent continuer de se confondre.

Ce concept de « banalité du mal », devenu presque un proverbe, repose sur un emmêlement, mais il a dépassé ces confusions initiales pour s'imposer parce qu'il est foncièrement juste. L'intuition de la philosophe était essentielle.

Et nous offre une clef fondamentale, celle du bien, partagée par Simone Weil. Le bien est de « se représenter ce qu'il en est véritablement de l'autre » pour Arendt ; de « découvrir que les choses et les êtres existent » pour Weil.

Le bien est de connaître que l'autre existe et lui prêter attention.

36

« Ce qui est profond en revanche, et radical, c'est le bien – et lui seul »

Dans l'affaire des viols de Mazan, la très grande majorité des coaccusés s'est qualifiée elle-même de « banale », ils ont égrené des existences « normales », des sexualités « normales », etc. Par ailleurs, ce qu'un certain nombre d'articles a pu rapporter en disant que *toute* la société était représentée dans ce panel d'hommes n'était pas tout à fait juste. Certes ce groupe était suffisamment hétéroclite pour donner un vertige réel : il s'agissait de tous types de personnes ! Mais quand on analyse leurs milieu social, enfance, études, profession et enquête de personnalité, on évalue assez vite que la majorité appartient plutôt aux laissés-pour-compte de notre société, sans privilège de naissance et sans véritable opportunité. Je dis ici immédiatement que ce constat n'indique pas en creux que par conséquent ils manqueraient d'intelligence ou de générosité. Des élites lettrées peuvent être d'une bêtise ou d'une méchanceté crasse (on vient de voir le cas de Céline) et inversement. Mais il est indéniable qu'une éducation éclairée sur les rapports homme-femme leur a manqué, enseignement qui constituerait un des moyens profonds pour considérer l'autre.

Dominique Pelicot, très intelligent, grand pervers, collectionneur organisé, dissimulateur, a pu, lui, être identifié au mal, comme nous l'avons dit, car il nous stupéfie. L'amplitude de ses vices nous est de prime abord spectaculaire. Mais il mène aussi une existence « normale » et sa femme l'a elle-même qualifié par ce joli paradoxe : « C'était un homme ordinaire et un homme exceptionnel. » Pelicot, lui, avait dit lors de sa prise de parole le 3 octobre : « Dans tout homme, il y a un démon. Le mien vient de mon enfance. » Mais rappelons que le diable n'existe pas.

Nous comprenons alors qu'il ne sert à rien de chercher à étiqueter tous ces hommes pour pouvoir combler le vide de sens effrayant que leurs crimes provoquent en nous. Le fait que ces hommes soient banals ou possèdent des personnalités hors norme ne serait pas le sujet pour comprendre « la banalité du mal ».

Le mal que tous ont infligé, bien qu'étant extrême pour la victime, est « sans profondeur ». Que ces accusés soient banals ou non, c'est le mal extrême qu'ils ont commis qui est banal. Car le mal n'est ni *profond* ni *démoniaque*. La qualification de « non-profondeur » peut sembler fausse et insultante à l'aune du *puits sans fond* des actes commis, mais cette vastitude choquante par sa quantité et sa perversité n'est pas la profondeur dont parle Arendt et qui est celle de l'absolu. Ce qui est profond et radical c'est le bien, et il est incarné, dans cette affaire, par la position de Gisèle Pelicot. Dans l'attention qu'elle a portée vers les autres.

Le bien est radical, surnaturel. Il est le vrai mystère, pas le mal.

37

Et il n'est *que ça*

Je me permettrai maintenant un dernier pas de côté, qui viendrait incidemment soutenir « l'erreur » d'Arendt sur Eichmann. Elle a pensé qu'Eichmann était idiot, il ne l'était pas. Certes. Mais dans son erreur d'appréciation réside une vérité : celle que les grands criminels sont toujours décevants. Si l'on compare de nombreuses affaires judiciaires qui ont défrayé la chronique, arrive toujours cet instant crucial où le criminel, enfin appréhendé, se retrouve dans sa cage de verre, exposé à nos regards : et il n'est *que ça*, c'est-à-dire pas grand-chose. Je pense à Jacques Rançon, Guy Georges, Émile Louis, Michel Fourniret, Marc Dutroux, pour n'en citer que quelques-uns.

On s'aperçoit alors qu'on a confondu la sophistication de leurs actes pervers, le gigantisme du malheur qu'ils ont créé avec eux-mêmes. Mais ils ne sont ni géants ni sophistiqués. Ils sont d'autres « vers de terre écrasés » qui se complaisent dans leur propre malheur et s'y débattent aussi.

Ce ne fut pas différent pour Dominique Pelicot, ce

bonhomme âgé – malade, avec sa canne, un éternel sweat-shirt sans couleur, son visage massif, sa coupe de cheveux militaire – et dont le regard en accent circonflexe se débine. La première fois que nous prenions place dans cette salle, nous ne pouvions pas ne pas le chercher des yeux, il était là, à quelques mètres. Et puis j'ai remarqué que, très vite, je l'oubliais totalement. Les heures passaient, assise sur le banc malcommode, et je n'avais plus jeté un regard sur lui.

C'est dans la littérature que les personnages démoniaques sont réellement fascinants. Je pense au professeur Moriarty, Némésis de Sherlock Holmes, à Patrick Bateman de Bret Easton Ellis, à Dracula de Bram Stoker.

Et au sommet, Hannibal Lecter de Thomas Harris, devenu archétype lui aussi, avec son regard perçant de psychiatre, son extrême raffinement, sa culture, sa curiosité, sa gastronomie, mais surtout sa lutte finale et indécise entre sa psychopathie et son amour pour une autre que lui, Clarice Starling. Un très grand personnage.

De la littérature.

Pas de conclusion

Je ne tenterai certainement pas de conclusion sur l'affaire des viols de Mazan.

Neuf hommes ont interjeté appel. Dominique Pelicot va revenir devant la justice pour répondre d'autres crimes qu'on le suspecte d'avoir commis.

Gisèle Pelicot semble avoir trouvé respectable le travail du président et des juges de la cour criminelle du Vaucluse. Elle les en a remerciés.

Gisèle a ouvert un débat existentiel sur le rapport des hommes avec les femmes. Elle a transformé la douleur de son calvaire en une puissante main tendue, une *attention* vers toutes celles qui portent une histoire de violences sexuelles dans leur chair. Et nous sommes si nombreuses.

Moi, c'était à bord d'un train-couchettes qui faisait le trajet Brest-Paris, quand j'avais six ans. Un banal pédocriminel qui rôde dans les gares et monte dans les trains quand la bonne occasion se présente. Il m'a fixée longtemps dans les yeux, depuis le quai, à travers la fenêtre de la cabine dans laquelle je me trouvais. Très longtemps. Car les trains de nuit stationnent dans les gares. Ça m'a semblé durer des heures. Comment dire cela ? Ses yeux sont pour toujours incrustés en moi. Il s'est éloigné. Il n'y avait plus que la nuit dehors. Et tout à coup il était là, de l'autre côté de la porte vitrée de ma cabine. Il était monté dans le train. Il est entré. Il s'est allongé près de moi et a saisi, dans ses mains, mes mains d'enfant. Je n'ai pas résisté, je n'ai pas compris ce qu'il se passait. À partir de ce moment-là mon souvenir s'est effacé. Quand la mémoire me revient, avec une extrême netteté, ma mère est debout, réveillée, furieuse, crie qu'elle va prévenir le chef du train, et lui a disparu. L'image manque.

J'ai pensé que c'était ma faute parce que je lui avais rendu son regard, quand il était de l'autre côté de la vitre. J'étais confuse mais aussi flattée qu'on me prête tant d'attention, tant d'attention pour moi !

J'ai pensé que c'était ma faute parce que j'avais voulu cette couchette en hauteur, pile en face de la fenêtre, quand ma sœur a dû prendre celle du bas pour me faire plaisir.

J'ai pensé que c'était ma faute parce que ma mère était tellement en colère. Que nous n'en avons pas reparlé.

J'ai pensé que c'était ma faute parce que c'était moi qui avais demandé à ma mère de prendre le train de nuit, et pas le train normal pour l'anniversaire de mes six ans, car je m'imaginais une grande aventure.

J'ai pensé que c'était ma faute parce que je l'avais laissé faire et n'avais pas crié pour réveiller ma mère qui dormait, non loin, dans le wagon.

J'ai pensé que c'était ma faute, au petit matin, quand sur le quai de la gare ma mère me répétait : « Regarde les gens, regarde, est-ce que tu le vois ?! » Et que je ne le voyais pas.

J'avais tellement honte.

Pendant plusieurs années, le temps où l'on joue encore aux poupées, j'ai reproduit sans cesse l'épisode du train avec mes Barbie. Je prends conscience aujourd'hui, avec le film *L'Image manquante* de Rithy Panh réalisé avec des figurines, qu'en représentant la scène j'ai essayé de lutter contre le mal que je ressentais, pour lequel je n'avais aucun mot.

J'ai été amenée, dans ma vie, à reprendre une fois un train de nuit, pour aller dans le Sud. J'avais déjà ma fille aînée et j'étais très enceinte de la deuxième ; mon corps, une montagne. Je n'ai pas pu dormir de la nuit. J'ai alors décidé de me promener dans les couloirs, en faisant des allers-retours devant notre cabine. Personne n'approcherait. J'étais une sentinelle. Comme si je pouvais enfin monter la garde devant ma propre cabine d'enfant à trente-trois ans d'intervalle.

Ce que le poète Joë Bousquet a exprimé au sujet de Simone Weil me fait comprendre l'importance absolue du message qui est né de ce terrible fait divers.

En nous disant que la honte change de camp, Gisèle Pelicot a « prononc[é] des mots à signification humaine illimitée ».

Avertissement et Remerciements

J'ai choisi de ne faire apparaître aucune note dans le corps du texte. J'ai pris cette liberté, car il ne s'agit ni d'un exercice universitaire ni d'un essai, mais d'un récit. Je souhaitais que sa lecture soit un chemin sans interruption. Voici les références complètes des textes que j'ai cités et qui m'ont aidée, dans un ordre aléatoire :

Simone WEIL, Joë BOUSQUET, *Correspondance 1942, « Quel est donc ton tourment ? »*, Claire Paulhan, 2019.

Simone WEIL, *Œuvres complètes IV, Écrits de Marseille (1940-1942)*, Gallimard, « NRF », 2008.

Simone WEIL, *Œuvres*, Florence de Lussy (éd.), Gallimard, « Quarto », 1999.

Hannah ARENDT, *Eichmann à Jérusalem : Rapport sur la banalité du mal*, Gallimard, « Folio histoire », 1966.

Hannah ARENDT, Gershom SHOLEM, *Correspondance*, Marie Luise Knott avec la collab. de David Heredia (éds), Seuil, 2012.

Hannah ARENDT, Joachim FEST, *« Eichmann était d'une bêtise révoltante » ; Entretiens et lettres*, Fayard, « Ouvertures », 2013.

Hannah ARENDT, Karl JASPERS, *Correspondance, 1926-1969*, présentée et annotée par Lotte Köhler et Hans Saner, Payot, « Bibliothèque philosophique », 1996.

Antoine GARAPON, *Pour une autre justice. La voie restaurative*, PUF, 2025.

Emmanuel ROUX, Mathias ROUX, *Le Goût du crime. Enquête sur le pouvoir d'attraction des affaires criminelles*, Actes sud, 2023.

Joëlle GUILLAIS, *La Chair de l'autre. Le crime passionnel au XIXe siècle*, Olivier Orban, 1986.

Étienne DE GREEFF, *Introduction à la criminologie*, Premier volume, dans le cadre de « Les classiques des sciences sociales », bibliothèque numérique fondée et dirigée par Jean-Marie Tremblay, 1946.

SUÉTONE, *Vie des douze Césars*, Les Belles Lettres, 1931 et 1932.

Patrick AVRANE, *Les Faits divers. Une psychanalyse*, PUF, 2018.

Camille FROIDEVAUX-METTERIE, *Un corps à soi*, Seuil, 2021.

Jean-Bertrand PONTALIS, *Un jour, le crime*, Gallimard, 2011.

Ernst JÜNGER, *Journaux de guerre, 1939-1948*, éd. établie par Julien Hervier avec la collab. de Pascal Mercier et François Poncet, Gallimard, « Bibliothèque de la Pléiade », 2008.

Minh TRAN HUY, *Les Écrivains et le fait divers*, Flammarion, 2017.

Élise COSTA, *Les Nuits que l'on choisit*, Marchialy, 2023.

Emmanuel CARRÈRE, *L'Adversaire*, P.O.L., 2000.

Textes choisis et présentés par Blanche CERQUIGLINI, *Le Goût des faits divers*, Mercure de France, 2018.

Daniel ZAGURY, *La Barbarie des hommes ordinaires*, L'Observatoire, 2018.

Caroline DARIAN, *Et j'ai cessé de t'appeler papa. Quand la soumission chimique frappe une famille*, JC Lattès, 2022.

Patricia CORNWELL, *Jack l'Éventreur. Affaire classée – portrait d'un tueur*, Deux Terres, 2003.

Johann NALDI, *L'Unique Portrait de Jack l'Éventreur*, L'Observatoire, 2024.

Virginia WOOLF, *Walter Sickert. Une conversation*, Paris Max Chaleil, 2022.

La Tentation de saint Antoine, Un peintre Jérôme BOSCH, un écrivain Antonio TABUCCHI, Adam Biro, 1989.

Alice GÉRAUD, *Sambre. Radioscopie d'un fait divers*, JC Lattès, 2023.

Faits divers. Une hypothèse en 26 lettres, 5 équations et aucune réponse, catalogue d'exposition publié sous la direction de Nicolas Surlapierre, commissaire, et Vincent Lavoie, commissaire associé. Exposition labellisée d'intérêt national, présentée au Mac Val du 15 novembre 2024 au 13 avril 2025.

En ce qui concerne les citations des protagonistes de cette affaire, elles proviennent de mes prises de notes lors des audiences, de l'ordonnance de mise en accusation, des propos rapportés dans le livre de Caroline Darian, des comptes rendus de procès et articles de journalistes présents à Avignon (Louise Colcombet pour *Le Parisien* ; Jonathan Sollier pour *La Provence* ; Élise Costa pour *Slate.fr* ; Stéphanie Harounyan, Juliette Delage, Marlène Thomas pour *Libération* ; Arnaud Bizot pour *Paris Match* ; Christophe Gueugneau et Cécile Hautefeuille pour *Médiapart* ; Pascale Robert-Diart et Henri Seckel pour *Le Monde* ; Mathilde Lemaire pour *France Info* ; Isabelle Lasalle et Diane Sprimont pour *France Bleu*), des *live-Tweets* très précieux (et articles) des journalistes Marion

Dubreuil et Juliette Campion, merci à Marc Chaumeil pour sa photo partagée de Gisèle Pelicot.

Je remercie les journalistes, dessinateurs de presse et photographes rencontrés à Avignon pour leur camaraderie ;

Dorian Maurant et le personnel judiciaire du tribunal d'Avignon pour leur bienveillante efficacité ;

Nicolas Torrent de m'avoir fait confiance en m'envoyant là-bas, Anne-Cécile Beaudoin, Arnaud Bizot, Jérôme Béglé de *Paris Match* ;

Albéric de Gayardon, Alice d'Andigné, Ulysse Korolitski, Émilie François, Laura Serkine pour leur relecture, David Simonetta pour les conversations « obscssionnelles », notamment sur Simone Weil ;

Hélène Morin et Maud Michel pour leur travail de correction ;

Véronique Ovaldé, Anna Pavlowitch, Aurélie Delfly, Juliette Duchemin, Gilles Haéri, Francis Esménard, François Samuelson pour leur soutien.

Table

DE LA MÊME AUTRICE

Aux Éditions Albin Michel

L'Épaisseur d'un cheveu, 2023

Chez d'autres éditeurs

Mikado, Léo Scheer, 2011

L'Orchestre vide, Léo Scheer, 2012

La Lutte des classes. Comment j'ai démissionné de l'Éducation nationale, Léo Scheer, 2012

Enfants perdus. Enquête à la brigade des mineurs, Plein Jour, 2014

Bellevue, Stock, 2016

Gabriële, avec Anne Berest, Stock, 2017

Rien n'est noir, Stock, 2019

Artifices, Stock, 2021

Composition : Nord Compo
Impression : CPI Firmin Didot en avril 2025
Éditions Albin Michel
22, rue Huyghens, 75014 Paris
www.albin-michel.fr

ISBN : 978-2-226-50357-2
N° d'édition : 27794/01 - N° d'impression : 183779
Dépôt légal : mai 2025
Imprimé en France